Stefan Jürgens

Fromme Gefühle
sind nicht genug

camino.

gemeinsam auf dem Weg

Ein camino.-Buch aus der
© Verlag Katholisches Bibelwerk GmbH, Stuttgart 2018
Alle Rechte vorbehalten

Für die Texte der Einheitsübersetzung der Heiligen Schrift
vollständig durchgesehene und überarbeitete Ausgabe
© Katholische Bibelanstalt GmbH, Stuttgart 2016
Alle Rechte vorbehalten

Satz und Gestaltung: wunderlichundweigand
Druck und Bindung: finidr s.r.o., Český Těšín,
Tschechische Republik

www.caminobuch.de
ISBN 978-3-96157-063-8
Auch als E-Book erhältlich unter ISBN 978-3-96157-985-3

Stefan Jürgens

Fromme Gefühle sind nicht genug

Warum Glaube erwachsen werden muss

camino.

Inhalt

Denkanstöße – Aus dem Glauben leben

Vorwort:
Zwergenglaube

Wenn ein Kind nicht wächst, ist es irgendwann ein Zwerg. Und der viel beschworene Kinderglaube ist in Wirklichkeit wohl nur ein Zwergenglaube, der bei der erstbesten Lebenskrise wie ein Kartenhaus zusammenfällt. Die religiösen Kinderschuhe sind einfach zu klein, um damit echte Glaubenswege gehen zu können.

Tatsächlich ist die Glaubensbildung der meisten Christinnen und Christen über eine gewisse religiöse Sozialisation nicht hinausgekommen. Deshalb erwarten sie auch nicht viel mehr als fromme Gefühle, besonders an den Rändern des Lebens und bei den kirchlich verzierten biografischen Feierlichkeiten, die immer noch gerne angenommen werden.

Fromme Gefühle sind aber nicht genug, der Glaube muss erwachsen werden. Denn beim Glauben geht es ums Ganze. Um alles. Es geht um Sinn und Unsinn, Leere und Erfüllung, Tod und Leben. Ein Leben ohne den Gott und Vater Jesu Christi kann ich mir deshalb nicht vorstellen.

Auch nicht ein Leben ohne Kirche. Und das, obwohl ich kritisch bin. Ich gehöre zu den Kirchenreformern, die sich eine glaubwürdige Kirche anders vorstellen. Ich arbeite mit an einer Kirche, die sich nicht ängstlich vor der Postmoderne verkriecht. Kirche – das sind für mich diejenigen, die glauben, während ich zweifle, und die beten, wenn ich es nicht kann.

Als Pfarrer gehört es zu meinem Job, in gebotener Kürze über Glaube und Religion, Welt und Kirche zu sprechen. Aber was kann ich in ein paar Minuten schon über diese zentralen Dinge unseres Lebens sagen? Es muss erzählend sein, damit man an der Geschichte dranbleibt. Es muss persönlich sein, weil persönliche Glaubwürdigkeit das Evangelium besser transportiert als theologische Richtigkeit oder kirchliches Dogma. Es muss kurz und prägnant sein, darf keine theologischen Vokabeln oder Floskeln enthalten und kann nur einen einzigen Aspekt der christlichen Botschaft aufzeigen – und das selbst auf die Gefahr hin, dass hier verkürzt oder vereinfacht wird.

Die Essays und Gedanken in diesem Buch sind ursprünglich fürs Zuhören entstanden und wurden in verschiedenen Formaten des WDR gesendet. Zusammen spiegeln sie wider, was ich über Glaube, Religion und Kirche denke und welche Erfahrungen ich in den letzten Jahren damit machen durfte. Im ersten Teil findet man grundlegende Positionen, im zweiten kurze Denkanstöße für den Glaubensalltag. Mit dem abschließenden Beitrag »Das Ende der Religion« gehe ich aufs Ganze, an die Wurzel und an das Wesen des Christentums.

Stefan Jürgens

Standpunkte
Nach dem Weg fragen

Mein Zeugnis
Warum ich glaube

Warum ich glaube – das ist ein sehr persönliches Thema. Warum glaube ich überhaupt? Und warum glaube ich immer noch? Warum schließlich fällt es vielen heute so schwer? Ich will einige Antworten versuchen. Kein Katechismus, eher ein Zeugnis.

Eine erste Antwort: Ich glaube, weil ich den Glauben geerbt habe. Meine Eltern glauben. Ich habe mir diesen Glauben einfach abgeguckt. Ich habe nachgeahmt, was ihnen wichtig war. In meiner Heimatgemeinde fand ich Christen, die glaubwürdig waren. Ich habe zunächst nicht in Frage gestellt, was dort üblich war, habe einfach mitgemacht. Aber: Wenn das schon alles gewesen wäre, dann würde ich jetzt nicht mehr glauben. Die Tradition, in der ich aufgewachsen bin, war wichtig, aber sie konnte nicht alles sein.

Daraus ergibt sich meine zweite Antwort: Ich glaube, weil ich mich irgendwann dafür entschieden habe. Diese Grundentscheidung nennt die Bibel: Bekehrung. Das griechische Wort für »Bekehrung« lautet: Metanoia. »Metanoiete« heißt aber nicht: »bekehrt euch«, wie es meistens etwas moralisierend übersetzt wird, sondern es heißt wörtlich: »denkt um« bzw. »denkt größer«. Denkt größer von Gott! Denkt so, wie Jesus von ihm gedacht hat. Also kann ich sagen: Als Erwachsener habe ich mich bekehrt. Mich für Jesus Christus entschieden.

Aus dieser Erfahrung ergibt sich eine dritte Antwort auf die Frage, warum ich glaube.

Ich glaube, weil es vernünftig ist. Wer einmal seinen Kinderglauben in Frage gestellt hat, sucht nach Argumenten. Sicher, es gibt für Gott keine Beweise. Niemand kann Gott beweisen, so wenig wie man Liebe beweisen kann. Aber es gibt gute Gründe zu glauben. Diese Gründe habe ich für mich geklärt.

Dennoch, ich muss es ganz deutlich sagen: Wenn es das Christentum in seiner westeuropäisch-aufgeklärten Form nicht gäbe, wenn ich also glauben müsste, ohne zu verstehen, oder wenn ich – schlimmer noch – nur Autoritäten zu gehorchen hätte, dann wäre ich lieber Agnostiker. Wohlgemerkt: nicht Atheist, sondern nur unentschieden. Ohne vernünftige Argumente würde ich mich heraushalten.

Warum ich glaube. Eine vierte Antwort auf die Frage, die ich mir gestellt habe: Ich glaube, weil es Jesus gibt. Denn ich bin davon überzeugt: Wir können nicht von Gott reden, ohne von Jesus zu sprechen. Denn der Name »Gott« ist ambivalent, er kann eine Chiffre sein für alles Mögliche, für jeden Fanatismus und fast jede Dummheit. Der Name »Jesus« aber kann das nicht!

Auf den Koppelschlössern der Soldaten im Ersten Weltkrieg stand noch: »Gott mit uns«. Niemand hätte – auch schon damals! – gewagt, darauf zu schreiben: »Jesus mit uns«. Weil in Jesus Gott so nahe ist, so voller Liebe und Erbarmen, so eindeutig, dass man seinen Namen nicht mehr missbrauchen kann.

Manche fragen: Was hat uns Jesus eigentlich gebracht? Ist die Welt durch ihn etwa besser geworden? Darauf möchte ich ganz einfach antworten: Jesus hat Gott gebracht! Er hat den nahen, barmherzigen Gott gebracht, der keine Opfer will, sondern Barmherzigkeit. Den liebenden Gott, der mir jede Angst nimmt: die Angst vor dem Tod genauso wie die Angst vor dem Leben. Jesus nennt ihn »Abba, lieber Vater« und deshalb nenne ich ihn auch so.

Daraus ergibt sich eine neue Antwort auf die Frage, warum ich glaube. Ich glaube, weil ich ewig leben werde. Ich glaube fest daran, dass Jesus vom Tod auferstanden ist. Sonst wären seine Jünger für diese Botschaft nicht in den Tod gegangen. Das bedeutet für mich: Mein Leben kann nicht mehr scheitern. Ich kann mich einsetzen für andere, ohne Angst zu haben, dabei etwas zu verlieren oder zu verpassen. Ich bin gelassen im Vorletzten, weil ich geborgen bin im Letzten.

Und deshalb glaube ich auch: um dieser Erde willen, um der Menschen willen. Wenn man sich für nichts und niemanden mehr einsetzen mag, wozu ist man dann noch auf der Welt? Ich bin fest davon überzeugt: Es ist Gottes Erde, die wir bewohnen, und es sind seine Menschen, mit denen wir leben. Deshalb ist es Gott nicht egal, was aus seiner Erde wird. Und darum ist es auch mir nicht egal. Ich möchte mich da einbringen, möchte mitmischen. Wenn ich vielleicht auch nur ganz wenig verändern kann – ich will es versuchen. Wenn auch das Reich Gottes für mich eine Nummer zu groß ist – ich vertraue darauf, dass Gott mich braucht.

Deshalb also glaube ich: Weil ich es so erfahren und gelernt habe. Weil ich mich irgendwann dafür entschieden habe. Weil es vernünftig ist. Weil es Jesus gibt. Weil ich auferstehen werde, und weil ich davon überzeugt bin, dass ich hier auf der Erde gebraucht werde.

Mein Glaubensbekenntnis heißt: Ich glaube Jesus seinen Gott. Das klingt zuerst wie falsches Deutsch, so, als wäre der Dativ wirklich dem Genitiv sein Tod. Aber ich meine es anders. Ich glaube ihm – diesem Jesus im Dativ – seinen Gott.

Ich glaube ihm seinen Gott, das heißt: Ich glaube, dass der Gott und Vater Jesu wirklich der Schöpfer der Welt ist. Und ich glaube, dass Gott wirklich so ist, wie Jesus von ihm gesprochen hat. Wie er mit ihm gelebt hat. Wie er ihn geliebt hat.

Aus jeder meiner Antworten folgen neue Fragen über den Glauben. Als Pfarrer muss ich mich ihnen immer wieder stellen. Und darüber mit anderen Christinnen und Christen im Gespräch bleiben. Deshalb wähle ich für weitere Gedanken die Form des Dialogs.

Ich finde, du sprichst überzeugend von deinem Glauben, sehr persönlich auch. Aber: Kennst du denn gar keine Zweifel? Ist für dich immer alles so sonnenklar?

Nein, selbstverständlich nicht. Ich habe auch meine Zweifel. Außer der Existenz Gottes habe ich schon alles in Zweifel gezogen, was die Kirche lehrt. Wirklich alles außer der Existenz Gottes und dem ewigen Leben. Beides war mir immer gewiss. Glauben ist eben kein Zustand, sondern ein Weg. Dazu gehört das Auf und Ab, das Finden und Verlieren, die Leere und die Fülle. Auch für mich.

Was meinst du, warum fällt es vielen heute so schwer, zu glauben? Hat Religion nicht alle Selbstverständlichkeiten verloren? Für mich war früher auch alles klar. Aber heute?

Die Menschen waren nicht religiöser als heute, aber ihre Welt war religiöser, sie war voller Rituale, Zeichen und Geläufigkeiten. Kultur und Religion waren noch ganz nahe beieinander, sie sahen einander zum Verwechseln ähnlich. Und »bei Kirchens« machte man einfach mit, aber man machte sich weiter keine Gedanken. Das aber funktioniert nicht mehr. Die Menschen glauben nicht mehr wie von selbst. Man glaubt, weil man sich für Gott entschieden hat. Oder wenigstens, weil man Leute kennt, die sich entschieden haben und von denen man sich irgendwie mitziehen lässt.

Du hast gesagt: »Das funktioniert nicht mehr«. Hat Religion denn früher funktioniert? Kann man das überhaupt sagen, dass Religion eine Funktion hat?

Na klar. Seit ihrer Entstehung war Religion vor allem eine seelische Krücke, die man sich unter den Arm klemmt, um mit der Angst fertigzuwerden, der Angst vor dem Leben und der Angst vor dem Tod. Religion war ein Mittel gegen Daseinsangst.

Und was glaubst du, warum ist Religion funktionslos geworden?

In archaischen Religionen war das Göttliche anziehend und schrecklich zugleich. Deshalb musste man sich absichern gegen Unheil, indem man die Götter gnädig stimmt und für seine Sünden Sühne leistet. Man hatte Angst vor Unwetter, Krankheit und Krieg. Um sich mit dem Göttlichen gut zu stellen, brachte man Opfer dar. Alles, was Menschen nicht erklären konnten, fühlte sich irgendwie göttlich an.

Und heute?

Heute ist das Leben hundertprozentig entzaubert, vor allem durch Wissenschaft und Technik. Es scheint für fast alles eine

Erklärung zu geben. Deshalb muss vor dem Göttlichen niemand mehr zittern und niemand mehr staunen. Auch die Naturgewalten sind entzaubert. Deshalb muss niemand mehr vor einem Gewitter Angst haben und niemand muss um eine gute Ernte bitten. Alles wächst, weil die Genetik es so will, nicht aber das Göttliche. Vor allem sind Sünde und Schuld kein Problem mehr. Nicht der einzelne Mensch sündigt. Immer sind die Umstände, die Gesellschaft oder die Erziehung schuld. So kann man sich guten Gewissens selber leidtun – und braucht niemanden um Verzeihung zu bitten, am wenigsten Gott. Unschuldswahn nennt man das.

Du meinst also, man macht alles nur noch mit sich selbst aus?

Genau. Der Mensch fühlt sich heute nicht mehr abhängig, sondern selbstständig. Er hat sich mit seinen »existenziellen Beleidigungen« abgefunden: Er hat sich damit abgefunden, nicht mehr Mittelpunkt des Weltalls zu sein, Zufall der Evolution zu sein, ja nicht einmal mehr Herr seiner selbst. Wozu bedarf es eines letzten Lebenssinns, wenn der Mensch sich selbst als bedeutungslos empfindet?

Wie ist Religion überhaupt entstanden?

Religion entstand mit der Sesshaftwerdung, also mit Ackerbau und Bevorratung. Dadurch hatten die Menschen Zeit zum Nachdenken, Zeit für Kult und Kultur. Bestattungsriten waren die ersten kultischen Handlungen. Aber auch hier spielte die Angst die größte Rolle. Man hatte Angst vor dem Tod und Angst vor den Toten. Heute haben sich die meisten mit ihrer Endlichkeit abgefunden.

Und wie ist es mit den verfassten Religionen, mit der Hierarchie?

In archaischen Gesellschaften stellte man sich das gesamte Weltgefüge hierarchisch vor: Da musste es einfach eine »oberste Instanz« geben, das Göttliche, damit sich die Autoritäten von diesem her legitimieren konnten. Heute misstraut man jeder Autorität, auch der religiösen und kirchlichen, oft aus gutem Grund.

Aber ich finde, der Mensch braucht auch Werte, und die werden doch von der Religion begründet und geschützt.

Mag sein. Aber heute meinen die meisten, man könne auch ohne Religion ein guter Mensch sein. Das mag stimmen, wenn es auch am Ende hoffnungslos wäre. Manche sehen in der Religion eine Werteinstanz, aber das wird morgen vorbei sein.

Was wäre Europas Humanität ohne das Christentum? Die Kirche war doch von Anfang an für die Armen da. Sie hat Spitäler gebaut und Armenküchen unterhalten. Sie hat die Arbeiter gesammelt und für Bildung gesorgt.

Heute sind alle diese Funktionen in öffentlicher Hand. Viel Evangelium ist schon drin in der Welt, es geht ganz gut ohne Kirche. Die Welt wird davon nicht schlechter.

Und die Menschen heute haben einfach einen größeren Horizont!

Früher war das eigene Dorf die Welt. Heute ist die Welt ein globales Dorf. Man weiß: Auch der religiöse Ausdruck, ja, die

Religion selbst ist ein Kulturprodukt und stark von der jeweiligen Mentalität geprägt. Damit wird auch das Absolute mit einem Mal relativ und vergleichbar. Andere Religionen glauben anders. Warum soll dann ausgerechnet meine Religion recht haben? Damit ist alles relativ. Das Heilige ist nicht mehr heilig, weil es vergleichbar geworden ist.

Irgendwie klingt das alles aussichtslos. Frustriert dich das nicht?

Nein. Wenn Religion keine Funktion mehr hat, wenn sie also nicht mehr unbedingt notwendig ist, so ist das eine riesengroße Chance für den Glauben. Denn beim Glauben kommt es nicht auf Nützlichkeit an, sondern auf Schönheit. Nicht auf Unterwerfung, sondern auf Freiheit. Und diese Freiheit empfange ich in der Beziehung zu Jesus. Durch ihn verstehe ich erst, wer Gott wirklich ist. Religion ist eine seelische Krücke, der Glaube an Jesus aber ist für mich eine Herausforderung. Ja, noch mehr: Dieser Glaube ist für mich das tiefste Geheimnis und die größte Provokation, der ich mich stellen muss. Mein Leben lang. Ich glaube Jesus seinen Gott.

Du meinst also, früher war man religiös aus Angst, und heute glauben Christen nur noch wegen Jesus?

Oder eben nicht. Die Entscheidung liegt bei dir.

Vertrauen
Das Gegenteil von Angst

»Hab doch keine Angst!« Das sagt sich so leicht. Geht das überhaupt? Angst kommt von lateinisch »angustia«, die Enge. Damit zu tun hat auch das Wort »angor«, das bedeutet »würgen«. Vertraute Bilder sind das: im Würgegriff der Angst. Da bekommt man keine Luft mehr, die Angst schnürt einem die Kehle und die Seele zu, es wird einem alles zu eng. Angst ist sehr diffus, ich komme nicht so schnell dagegen an. Denn sie lässt mich im Ungewissen über ihre Ursache, sie bleibt ein negatives Grundgefühl, das mich im Ganzen trifft. Die Angst macht mich unfähig zu handeln, ja, sie kann sogar krank machen.

»Fürchte dich nicht« oder »Fürchtet euch nicht« – dieser Appell, so sagt man, komme in der Bibel sinngemäß 365-mal vor. So, als müsste man sich jeden Tag wenigstens einmal sagen lassen, dass wir keinen Grund zum Fürchten haben. Ist ein Christ vielleicht jemand, der sich vor nichts und niemandem fürchtet? »Fürchte dich nicht«, heißt es immer dann in der Bibel, wenn Gott etwas Neues macht, zum Beispiel wenn Propheten oder Engel auf den Plan treten. Oder wenn der auferstandene Jesus plötzlich vor seinen Jüngern steht.

Wenn ich mich vor etwas fürchte, dann weiß ich genau, wovor. Ich kenne die Bedrohung und kann etwas dagegen tun. Furcht richtet sich gegen etwas ganz Bestimmtes, sich zu fürchten hat eine fassbare Ursache und führt zu konkretem Handeln. Angst dagegen ist diffuser. In der Umgangssprache unterscheiden wir nicht zwischen Angst und Furcht. Aber es gibt einen Unterschied. Und den finde ich sehr wichtig.

Denn Furcht ist durchaus hilfreich, sie motiviert zum Handeln. Das Sich-Fürchten ist geradezu ein Überlebensvorteil für den Menschen. Ohne Furcht wäre die Menschheit längst ausgestorben. So hatte es schon vor Jahrtausenden durchaus Sinn, wild gewordene Säbelzahntiger zu fürchten. Und möglichst schnell zu verschwinden, wenn man einen davon zu sehen bekam. Furcht mahnt zur Vorsicht vor unbedachten Handlungen. Sie kann uns davor bewahren, übermütig und waghalsig zu werden.

Furcht schützt also vor Selbstüberschätzung, sie ist ein Signal für Gefahr. Man spricht erst von Angst, wenn die Bedrohung gar nicht da ist, sondern nur eingebildet, wenn sie sich in die Seele eingebrannt hat und zur Grundstimmung geworden ist. So fürchte ich mich vor dem Sprung vom Drei-Meter-Brett, vorm Autofahren in einer fremden Stadt, aber auch vor großen Hunden. Angst habe ich da eher vor Leere, Sinnlosigkeit, vor unheilbaren Krankheiten und vor dem Sterben.

Furcht ist etwas, worauf ich mich einstellen kann, wo ich agieren kann, womit ich lernen kann umzugehen. Angst habe ich vor allem, dem ich ohnmächtig ausgeliefert bin, was ich nicht beeinflussen kann. Mit der Angst kann ich nicht mehr umgehen, denn die Angst geht mit mir um, sie treibt mich um, hat mich im Griff. Der Furcht kann ich ins Gesicht sehen, die Angst greift mich von hinten an, ich kann nur noch vor ihr davonlaufen – und entkomme ihr doch nicht.

Ganz ehrlich: Ich habe Angst vor dem Kranksein und dem Sterben, weil ich ja nicht wissen kann, wie es einmal sein wird, ja weil ich es mir mühsam und schmerzhaft vorstelle. Aber vor dem Tod habe ich keine Angst. Ich fürchte den Tod nur, weil ich ja jetzt schon weiß, dass er eines Tages kommen wird, ich kann mich also darauf einstellen, kann damit umgehen. Meine Zeit wird ja dadurch erst kostbar, dass sie begrenzt ist. Deshalb habe ich – auch als Christ – Angst vor dem Sterben, aber nicht vor dem Tod.

Eine besondere Form der Furcht ist die Ehrfurcht. Ich empfinde Ehrfurcht vor jemandem, den ich ernst nehme und der mich ernst nimmt. Wir akzeptieren und respektieren einander, schätzen einander wert. Und deshalb erweisen wir einander die Ehre. Achtung und Ehrfurcht sind Grundlagen einer jeden Beziehung und Gemeinschaft. »Ich will dich lieben, achten und ehren«, sagen Brautleute bei der kirchlichen Trauung. Ehrfurcht und Achtung gehören zur Liebe dazu.

Vor Gott habe ich Ehrfurcht, aber Angst vor ihm habe ich nicht. Immer wieder begegne ich Menschen, denen es anders geht. Vor allem den Älteren hat man in ihrer Kindheit Angst eingejagt. Vor einem Gott, der geradezu unberechenbar schien. Angst machende Gottesbilder sind das: Gott als neugieriger Schnüffler, als Kapitalist und Buchhalter, der nur auszahlt, was man zu Lebzeiten bei ihm eingezahlt hat an guten Taten. Religion als Ewigkeits-Versicherung, Leben als großer Stress-Test fürs Seelenheil, Frömmigkeit als billiger Kuh-Handel mit Gott, Beten mit himmlischer Dividende. Alles in allem ein schlimmer Aberglaube. So ein Gott ist nicht nur zum Fürchten – so ein Gott macht geradezu Angst. Höllen-Angst! Diese Angst macht nicht nur Menschen krank und klein, sie macht letzten Endes auch Gott klein. Denn ein Gott, der sich nur für Kleinigkeiten interessiert, mit dem man Geschäfte machen muss, kann nicht groß sein, nicht barmherzig. Ein Gott, der mit der Angst spielt, der uns zeitlebens fürs Jenseits testet, ist ein Sadist, aber nicht der Vater Jesu Christi.

Spätere Generationen – meine auch – haben die Angst vor Gott verloren, Gott sei Dank. Die Drohbotschaft ist der Frohbotschaft gewichen, der Glaube an Jesus Christus hat ganz neu den Gott der Liebe aufscheinen lassen. Aber mit der Angst ist vielen auch die Ehrfurcht abhandengekommen. Gott – oder wen man dafür hielt – wurde zusehends verharmlost, wurde ein zahnloser Tiger, den man nicht mehr ernst nehmen kann. Und dem man deshalb auch keine Ehre mehr erweist, keine Achtung, keine Liebe.

Angst macht krank, Furcht jedoch kann durchaus motivieren. Ehrfurcht ist eine Haltung der Wertschätzung. Wir akzeptieren einander, wir nehmen einander ernst.

Wenn jemand Probleme hat, die unlösbar scheinen, wenn einer im Sterben liegt oder gerade gestorben ist, dann kriegen wir es oft mit der Angst zu tun. Ich denke dann häufig an eine Geschichte, die mir Mut macht: Die Seesturmgeschichte aus der Bibel (Mk 4,35–41). Jesus ist mit den Jüngern im Boot. Trotz des heftigen Sturms: Er schläft seelenruhig. Die Jünger wecken ihn, er stillt den Sturm. Und er stellt dann eine wichtige Frage: »Warum habt ihr solche Angst? Habt ihr noch keinen Glauben?«

Die Deutung ist einfach: Jesus sitzt mit uns im Boot des Lebens. Auch wenn wir uns manchmal fragen: Wo ist er denn? Warum lässt Gott das zu? – Jesus ist da. Er ist da in den Stürmen, die wir zu bestehen haben: Schicksalsschläge, Krankheit, Tod und Trauer. Jene Zufälligkeiten also, die man nicht vorhersehen, auf die man sich nicht einstellen kann und die einem deshalb nicht nur das Fürchten lehren, sondern geradezu Angst einjagen. Jesus aber ist die Ruhe im Sturm. Wer auf ihn vertraut, fühlt sich nicht mehr allein mit seiner Angst. Jesus beruhigt den Sturm, gibt dem Leben neuen Halt. Und dann fragt er auch uns: »Warum habt ihr solche Angst? Habt ihr noch keinen Glauben?«

Manche Leute meinen, Glauben sei das Gegenteil von Wissen. Man habe eben keine Beweise und deshalb müsse man halt glauben. Man müsse glauben, was man nicht wissen könne. Sie haben einen »Dass-Glauben«: Sie glauben – oder glauben eben nicht –, dass Gott existiert. So, wie sie vielleicht glauben, dass morgen schönes Wetter wird. Beides ist nicht mehr als eine Vermutung. Tatsächlich gibt es für Gott keine Beweise. Es gibt gute Gründe zu glauben, Hinweise vielleicht. Aber man kann weder beweisen, dass es Gott gibt, noch kann man beweisen, dass es ihn nicht gibt. Da stehen die Chancen fifty-fifty. Deshalb ist Glauben vor allem eine Sache der Erfahrung und Entscheidung.

Von der Bibel her bedeutet Glauben etwas ganz anderes. Kein »Dass-Glaube«, sondern ein »Du-Glaube«. Keine Mutmaßungen über die Existenz Gottes, sondern eine Beziehung zu ihm. Im Hebräischen heißt Glauben »sich festmachen in Gott«. Im Griechischen heißt es »vertrauen«. Das lateinische Credo – »ich glaube« – kommt von »cor dare«, sein Herz geben. Und selbst das deutsche »glauben« kommt von »geloben«, also so viel wie »ein Versprechen eingehen«, »eine Beziehung leben«, »in einem Treueverhältnis stehen«.

Wenn Glauben also vertrauen bedeutet, dann ist Glauben das Einzige, was hilft, wenn wir Angst haben – in den Stürmen des Lebens. Vertrauen hilft gegen Angst: Ich vertraue darauf, dass ich nicht allein bin, dass mich einer hält, wenn ich mein Leben nicht mehr im Griff habe, dass mich einer trägt, wenn der Boden unter den Füßen wankt. Wer an Gott glaubt, kann ihm alle Ängste überlassen, kann loslassen – auch sich selbst. Und darauf vertrauen: Er macht es gut! Auch wenn im Moment noch nichts gut ist.

»Warum habt ihr solche Angst? Habt ihr noch keinen Glauben?« Das ist die Frage Jesu auch an mich. Ich kann nicht immer nur auf mich selber setzen. Ich brauche jemanden, dem ich traue, auf den ich vertrauen kann. Glauben ist für mich nicht das Gegenteil von Wissen, auch nicht von Unglauben oder Zweifel. Und schon gar nicht ein bloßes Fürwahrhalten irgendwelcher Wahrheiten. Glauben ist vielmehr das Gegenteil von Angst.

Ein guter Freund und Kollege hatte sich die Seesturmgeschichte ganz zu eigen gemacht. In den Stürmen des Lebens, auch in schwerer Krankheit, konnte er auf Jesus vertrauen. Immer wieder ging es in seinem Reden und Beten um diese Geschichte – als Sinnbild des Lebens. Und schließlich auch als Sinnbild des Sterbens. Auf seinem Grabstein sieht man eine Bronzetafel: Jesus sitzt mit seinen Jüngern im Boot und schläft. Es tobt ein heftiger Sturm. Und darüber, auf dem Grabstein, steht geschrieben: »Jesus, meine Zuversicht«.

Zuversicht ist etwas ganz anderes als Optimismus. Der Optimist denkt: »Ich kriege das schon hin, ich habe ja selbst Kraft genug.« Wer aber zuversichtlich ist, der weiß: »Meine Kraft kommt von woanders her. Von dieser Kraft bin ich gehalten. Und darf Vertrauen haben.« So hilft Vertrauen, mit der Angst fertigzuwerden, sie anzunehmen, besser damit umzugehen. Gottvertrauen!

Wie aber ist es mit der Furcht? Also mit der konkreten Bedrohung, auf die ich mich wirklichkeitsnah einstelle, gegen die ich etwas tun kann? Meine Erfahrung ist: Mit der Furcht kommen die meisten Menschen ganz gut klar, da sind sie optimistisch und trauen dem Verstand, den Gott ihnen gegeben hat. Was aber ihre Lebens- und Sterbensangst angeht, da versuchen sie, ganz und gar auf Gott zu vertrauen – darauf, dass er sie trägt und hält. Anders gesagt: Für meine Furcht finde ich selbst eine Lösung, für meine Angst wird mir Erlösung geschenkt. Und deshalb darf ich immer zuversichtlich bleiben.

Zu groß
Von erwachsenen Eltern

»Der Glaube an Jesus Christus ist nur etwas für Erwachsene.« Wenn ich das in der Gemeinde sage, ernte ich heftigen Widerspruch. Denn das meiste in unseren Kirchen geschieht für Kinder und Jugendliche: Kindergarten, Religionsunterricht, Erstkommunion, Firmung. Ein gewaltiger Betrieb ist das, ein Riesenaufwand, und alles für Kinder! Also alles Kinderkram? In meiner Gemeinde sind die Familiengottesdienste bis zum Bersten voll. Die Erwachsenen beten scheinbar viel lieber, wenn sie dabei ihren Kindern zusehen können. Besonders den Müttern geht das Herz über, wenn sie ihre Kleinen am Altar herumlaufen sehen, wenn sie tanzen und klatschen und Spiele machen. Kinderbibeltage sind ein Renner, später ist Bibel eher etwas für Insider. Und da soll Glauben nur für Erwachsene sein?

Ich bleibe dabei: Glauben ist etwas für Erwachsene. Kinder können in diesen Glauben hineinwachsen, aber erfassen können sie ihn noch nicht. Brauchen sie auch nicht! Jesus hat die Kinder in den Arm genommen und gesegnet, er hat ihnen nicht gepredigt. Paulus hat Gemeinden gegründet, keine Kindergärten. Wenn der Glaube zu klein ist, wächst man heraus. Er muss zu groß sein, dann kann man hineinwachsen. Dieses Wort geht mir nicht mehr aus dem Sinn: Ein Glaube, der durch seine Größe und Weite fasziniert, in den man hineinwachsen kann. So ein Glaube wird einem niemals zu klein.

Seltsam, dass viele Eltern zwar noch für und mit ihren Kindern glauben, aber nicht für sich selbst. Der Glaube ist Bestandteil ihrer Erziehung, nicht ihrer Überzeugung. Wie oft frage ich Eltern, die ihr Kind zur Taufe anmelden, ob sie gemeinsam beten.

»Nein«, sagen die meisten dann, »aber wenn die Kinder so weit sind, dann beten wir vielleicht wieder.«

»Schade«, denke ich dann. »Was soll man von denen lernen?« Eigentlich müsste es doch so sein: Nicht die Erwachsenen beten der Kinder wegen, sondern Kinder staunen über den Glauben der Erwachsenen. Weil sie ihn interessant finden und denken: »Das will ich auch haben.«

Ich jedenfalls habe als Kind glauben gelernt – durch den Glauben der Erwachsenen. Das Vaterunser zum Beispiel kannte ich schon auswendig, als ich vom Inhalt noch gar nichts verstehen konnte. Ich habe es nicht aus der Bibel gelernt, sondern meinen Eltern von den Lippen abgelesen. Jedes Mal habe ich dabei gespürt: Das ist meinen Eltern heilig! Zunächst habe ich einfach Laute nachgeahmt, die dann immer mehr zum Gebet wurden. Kindergottesdienste dagegen fand ich immer schon langweilig. Für mich war das meistens Schmalspurkost, spirituelle Babynahrung ohne Tiefgang und Geheimnis. So etwas wollte ich nicht haben, sondern eher loswerden. Aber Erwachsene, die richtig beten konnten, die sich dabei gar nicht stören ließen und deren Gottesdienst nicht bloß darin bestand, auf die Kinder aufzupassen – die fand ich klasse. Und Christen, die ich ernst nehmen konnte, weil sie keine pädagogischen Absichten hatten, sondern einfach authentisch waren!

Was beten unsere Kinder? Wie lernen sie glauben? Die Antwort ist ganz einfach: Unsere Kinder beten, was die Erwachsenen beten. Wenn die Erwachsenen nicht beten, tun es die Kinder auch nicht. Wenn Eltern und Lehrer keinen erwachsenen Glauben haben, hören die Kinder auf zu beten, wenn sie erwachsen sind. Sie denken dann: Glauben ist ja bloß Kinderkram, das lassen wir schnell bleiben, das ist ja kitschig und naiv. Tradition, die nur noch Erziehungsmittel ist, bricht ab. Sie kann nicht mehr weitergegeben werden. Das merken auch schon Kinder.

Mit dem Beten ist es wie mit der Bibel: Kinder müssen die biblischen Geschichten kennenlernen, damit sie ihren Sinn entdecken können, wenn sie erwachsen sind. Was man als Kind gelernt hat, gewinnt erst im späteren Leben an Bedeutung. Spezielle Kinderpredigten bleiben meistens an Symbolen hängen. Spielen und basteln ist ja schön und gut, aber man soll nicht denken, das wäre schon der Sinn des Ganzen. Und am Ende wird alles banal: furchtbar nett, aber auch erschreckend folgenlos.

Ob man das Vaterunser überhaupt mit Kindern beten dürfe, fragte mich eine Erzieherin. Es sei für sie doch unverständlich. Meine Gegenfrage: »Haben Sie es denn schon verstanden?« – Wenn der Glaube zu groß ist, kann man hineinwachsen.

Was beten unsere Kinder? Wenn sie keine vertrauten Menschen haben, die ihnen gleichsam den Glauben vorbeten, beten sie überhaupt nicht. Wenn sie Vorbeter haben, die noch religiös in den Kinderschuhen stecken, lassen sie es irgendwann bleiben. Nur wenn sie erwachsene Vorbeter haben, lernen sie beten: Zuerst durch Nachahmung, dann dadurch, dass sie selbst nachdenken und Fragen stellen. Schließlich werden sie erwachsene Christen.

Mehr als alle Kinderbücher, mehr als alle Pädagogik brauchen unsere Kinder erwachsene Christen, über deren Glauben man zuerst staunen kann, den man dann nachahmt und der schließlich zu einem eigenen, selbst verantworteten Glauben führt. Doch bis dahin ist es ein weiter Weg, ein Weg mit Krisen und Zweifeln, aber auch mit Vertrauen und Zuversicht.

Nach meiner Erfahrung steht es um das Gebet in Familien ungefähr so: Es gibt wenige Familien mit Gebetspraxis und Kirchenbindung. Es gibt viele Familien, in denen überhaupt nicht gebetet wird und die kirchlich distanziert leben. Familien mit wenig Kirchenbindung haben häufig ein magisches Gottesbild und das wird dann unreflektiert an die Kinder weitergegeben: Aberglaube, Sorgenpüppchen und Omas Schutzengelgebete landen in der Suppe einer gemischten Religiosität, die vor allem dazu dient, sich irgendwie beschützt zu fühlen.

Wenige fangen heute an, wieder bewusst zu beten. Die meisten Menschen aber tun es nicht – und wenn dann doch einmal, dann eher magisch und nicht gläubig. In der Regel geht es darum, zu beten und zu betteln, wenn man Sorgen hat, an den Rändern des Lebens, in Krankheit, Angst und Trauer, nicht aber mitten im Alltagsleben. Wenn nur die Not das Beten lehrt, wird Gott zu einem Lückenbüßer, den man einen guten Mann sein lässt, wenn man selbst zum Mann oder zur Frau geworden ist. Die wichtigsten Glaubensvermittler sind deshalb immer noch Eltern, die wissen, was sie wollen und wer ihnen heilig ist. Eltern, die beten und den Glauben mit der Kirche leben. Alles andere geht schief.

Ein gläubiger Christ lebt aus der persönlichen Beziehung zu Jesus Christus. Das ist eine anspruchsvolle Angelegenheit und eigentlich nichts für Kinder. Die Familie darf ihre Kinder auf dem Weg dahin mitnehmen. Und versuchen, altersgemäß mit ihnen darüber zu sprechen.

Man darf das in kindgerechter Weise tun, wenn man weiß, was einem der Glaube bedeutet. Sonst kann es leicht geschehen, dass auch der Glaube der Eltern zu einer Kindersache wird, die im Alltag nicht trägt. Wenn ein Kind nicht wächst, bleibt es ja nicht für immer ein Kind. Sehr bald ist es ein Zwerg und der viel beschworene Kinderglaube ist wohl meistens nur ein Zwergenglaube. Viele Menschen bleiben zeitlebens solche Glaubenszwerge. Ihr Glauben ist irgendwann so eng, dass es einfach nicht mehr passt. In ihrem Verhältnis zur Kirche bleiben sie lebenslang in einer Pubertät, die sich gegen alles und jeden auflehnt, die jede Autorität und jede Tradition unter Verdacht stellt – so lange, bis nichts mehr davon übrig ist.

Der Glaube von Kindern, Zwergen und Pubertierenden ist für heranwachsende Kinder aber überhaupt nicht interessant, weil er ziemlich mickrig aussieht und meistens nicht trägt. Allein der erwachsene Glaube hat missionarische Kraft – auch in der Familie. Dabei sind die Eltern Vor-Beter im Doppelsinn des Wortes: Sie beten bereits vor den Kindern, sie beten ihnen vor – und dann erst mit ihnen!

Wenn aber die Vermittlung des christlichen Glaubens allein in der Kinderkatechese und im Religionsunterricht geschieht, dann ist der Glaube bald eine naive Sonderwelt, seinen Ort hat er dann meistens nur in der Kirche, in der frommen Ecke, am Rand, aber eben nicht mitten im Leben. Für das Kind kann der Eindruck entstehen: »Erwachsene brauchen keinen Gott. Wenn ich mal groß bin, brauche ich auch keinen mehr, denn Gott ist nur etwas für Kinder.«

Wenn sich dann im Jugendalter die religiöse Welt der Kinder von den Eltern löst – die Glaubenstreue der Eltern bleibt lebenslang Vorbild. Wie schön, wenn die jungen Erwachsenen dann spüren: Unsere Eltern glauben und beten immer noch. Sie haben uns nicht um Gott betrogen.

Entscheidung
Führe uns in der Versuchung

»Und führe uns nicht in Versuchung«, so beten Christen im Vaterunser. Ich spreche diese Worte auch, jeden Tag. Aber ich meine damit etwas anderes. Denn ich glaube nicht, dass Gott uns in Versuchung führen will. Er möchte uns doch nicht anstiften zum Bösen. Oder gar austesten, eine moralische Falle stellen. Ich bin sicher: Er möchte uns vor Versuchungen bewahren. Oder, wenn man schon hineingeraten sein sollte, liebevoll hindurchführen. »Und führe uns in der Versuchung«, so sind die Worte wohl gemeint. Die meisten Christen sind dieser Meinung, auch Papst Franziskus. Dennoch ist es sinnvoll, bei biblischen und sehr alten liturgischen Texten beim Wortlaut zu bleiben, das Gemeinte aber immer besser zu verstehen.

Jedes Jahr zur Fastenzeit hat das Wort »Versuchung« einen ganz eigenen Klang. Es weckt Erinnerungen an die Süßigkeiten, auf die man verzichten sollte und die deshalb gerade in der Fastenzeit ganz besonders lecker waren. Eine bestimmte Schokoladenmarke wirbt sogar mit der »zartesten Versuchung«. Dadurch ist das Wort Versuchung zu einer großen Münze mit ganz kleinem Wert geworden. Und dabei geht es bei den Versuchungen um mehr als um Süßkram. Es geht um viel größere Fragen: Wer bin ich? Wie kann ich sinnvoll leben? Letzten Endes geht es um Freiheit – um die Freiheit zu einem selbstbestimmten Leben. Es geht um die Freiheit, die Gott schenkt und die das Leben erst glücklich macht.

Die Bibel ist voll von Versuchungsgeschichten. Ich beziehe mich hier auf diejenige bei Matthäus und Lukas (vgl. Mt 4,1–11; Lk 4,1–13). Die Szene spielt direkt nach seiner Taufe im Jordan. Jesus wird, erfüllt vom Heiligen Geist, in die Wüste geführt. Er ist also auch in der Wüste nicht von allen guten Geistern verlassen: Den Versuchungen, die jetzt auf ihn warten, ist Jesus nicht schutzlos ausgeliefert. Gott ist ja bei ihm, in der Kraft des Heiligen Geistes! Vierzig Tage lang ist Jesus in der Wüste – eine Erinnerung an den Wüstenweg Israels ins Gelobte Land, in die Freiheit.

Und jetzt kommt's. Lukas schreibt: »Da sagte der Teufel zu ihm: Wenn du Gottes Sohn bist, so befiehl diesem Stein, zu Brot zu werden« (Lk 4,3). Gerade erst – bei seiner Taufe – hatte Jesus das Wort Gottes gehört: »Du bist mein geliebter Sohn.« Jetzt muss er beweisen, dass er standhält: »Wenn du Gottes Sohn bist, so befiehl ...« (Lk 4,4). Jesus besteht die Situation mit Bravour. Er antwortet dem Teufel: »Es steht geschrieben: Der Mensch lebt nicht vom Brot allein.« Das ist ein Zitat aus dem Alten Testament (Dtn 8,2f.), Jesus beruft sich auf Mose, der dieses Wort zuerst gesprochen hat. Damit erscheint er als der neue Mose, der das Gesetz zur Erfüllung bringt.

Und so geht es weiter mit den Versuchungen: »Da führte ihn der Teufel hinauf und zeigte ihm in einem Augenblick alle Reiche des Erdkreises. Und er sagte zu ihm: All die Macht und Herrlichkeit dieser Reiche will ich dir geben; denn sie sind mir überlassen und ich gebe sie, wem ich will. Wenn du dich vor mir niederwirfst und mich anbetest, wird dir alles gehören« (Lk 4,5–7). Wieder antwortet Jesus mit einem Mose-Zitat: »Es steht geschrieben: Vor dem Herrn, deinem Gott, sollst du dich niederwerfen und ihm allein dienen« (Lk 4,8). In der dritten Versuchung wird die Situation buchstäblich auf die Spitze getrieben. Der Teufel stellt Jesus oben auf den Tempel und sagt zu ihm: »Wenn du Gottes Sohn bist, so stürz dich von hier hinab; denn es steht geschrieben: Seinen Engeln befiehlt er deinetwegen, dich zu behüten; und: Sie werden dich auf ihren Händen tragen, damit dein Fuß nicht an einen Stein stößt« (Lk 4,9–11). Jesus antwortet wieder mit einem Bibelwort: »Du sollst den Herrn, deinen Gott, nicht auf die Probe stellen« (Lk 4,12). Bemerkenswert ist an dieser Stelle besonders: Auch der Teufel kennt die Bibel, denn er zitiert Psalm 91. Merke: Mit der Bibel in der Hand gehört man noch nicht automatisch zu den Guten!

Dieselben drei Versuchungen, die ich bei Lukas lese, gibt es auch bei Matthäus, nur in anderer Reihenfolge. Aber bei Markus, dem ältesten Evangelium, tauchen sie gar nicht auf. Da wird nur von der Wüste gesprochen und dass Jesus dort mit dem Teufel zu tun bekommt. Offenbar haben die ersten Christen in diese ursprüngliche Fassung etwas hineingeschrieben: ihre eigene Lebenserfahrung. Die drei Versuchungen bei Matthäus und Lukas haben ja auch etwas Typisches. Alle Menschen bekommen damit zu tun, auch Jesus. Die drei Versuchungen sind Urbilder – Archetypen für das, was jeder Mensch durchmachen muss.

Denn jeder Mensch braucht Nahrung, jeder möchte genießen und besitzen. Das aber kann in Gier umschlagen, in Habsucht und Konsum. Dafür steht die Versuchung, aus Steinen Brot zu machen. Viele Menschen wollen herrschen, sie streben nach Macht und Einfluss, was zur Diktatur verkommen kann. Der Teufel verspricht Jesus eine solche Macht, wenn er sich vor ihm niederwirft, wenn er sich mit dem Bösen einlässt. Schließlich strebt so gut wie jeder Mensch nach Anerkennung und Prestige. Das aber kippt schnell um, Menschen werden eitel und narzisstisch. Dafür steht die dritte Versuchung: »Stürz dich von hier hinab« – der Teufel möchte Jesus zu einem Schauwunder verführen, er soll sich vor anderen als Supermann gebärden.

Die drei typischen Versuchungen heißen also: Besitz, Macht und Ruhm. Aus diesen drei Grundstrebungen erwächst das Böse. Wenn auch Jesus diesen Versuchungen ausgesetzt war, dann soll mir das Mut machen, mich mit diesen Kräften auseinanderzusetzen, mich darauf einzulassen – und dabei selbst Herr im eigenen Haus zu bleiben. Es geht um Freiheit, bei Jesus und bei mir. Und ich bin, wie er, nicht allein, nicht von allen guten Geistern verlassen, auch nicht in den Wüstenzeiten meines Lebens. Also kann ich den Versuchungen, die auf mich warten, mit Selbstbewusstsein begegnen – und mit Gottvertrauen.

Versuchungen führen mich jedes Mal, wenn sie mich treffen, in eine Krise. Manchmal nur in eine ganz kleine, die ich im Alltag leicht bewältigen kann. Aber ich falle auch in tiefe Lebenskrisen, bei denen es ums Ganze geht. Krise bedeutet: Urteil und Entscheidung. Eine Krise hat den Sinn, mich zu einer Entscheidung zu zwingen, die unausweichlich ist. Ich kann mich nicht nur entscheiden, ich muss mich entscheiden. Das merke ich spätestens dann, wenn ich tief in der Krise stecke. Jesus lässt eine solche Krise nicht einfach über sich kommen, sondern er lässt sich mit ihr ein. Er nimmt sie ernst – und stellt sich ihr.

Und der Teufel? Welche Rolle spielt er in der Geschichte von den Versuchungen Jesu in der Wüste? Ich meine: Der Teufel ist eine Personifizierung der Krise. Er stellt Jesus vor die Entscheidung – für oder gegen Gott. Er will erreichen, dass Jesus sich in der Welt sicher fühlt – und seinen eigentlichen Auftrag vergisst, die Sendung durch Gott, seinen Vater. Jesus soll nicht die Freiheit Gottes wählen, sondern auf eigene Sicherheiten setzen. Dafür stehen symbolisch: Brot im Überfluss, Herrschaft und Anerkennung, also: Besitz, Macht und Ruhm.

Über den Teufel redet man nicht gern und das hat seinen Grund. Die einen malen ihn buchstäblich überall an die Wand. Und verteufeln geradezu alles, was ihnen nicht in den Kram passt. Die anderen sind froh, dass ihnen heute niemand mehr die Hölle heiß macht. Damit gehört der Teufel in die Mottenkammer der Mythologie: Klappe zu, Teufel tot? So einfach ist das nicht.

Denn meistens dient der Teufel nur dazu, vor der eigenen Verantwortung zu fliehen, wenn keine andere Ausrede mehr greift. Schon Eva schiebt im Paradies die Schuld auf die Schlange. Wer keinen Menschen mehr findet, auf den er seine Schuld abschieben kann, der gibt eben dem Teufel die Schuld, dem Bösen an sich. Und kann sich dann guten Gewissens selber leidtun. Er ist ja nur in Versuchung geführt worden und kann gar nichts dafür, sozusagen ein armes Opfer böser Mächte. Von wegen Freiheit und Entscheidung!

Aber, wie auch immer: Christen glauben ja nicht an den Teufel, sie widersagen ihm. Der Teufel ist eine Metapher. Er ist ein Bild dafür, dass Menschen ihre Verantwortung loswerden wollen, wenn sie schuldig geworden sind. In der biblischen Versuchungsgeschichte läuft Jesus vor seiner Krise – dargestellt durch den Teufel – nicht davon. Er geht ihr entgegen – in der Kraft des Glaubens. Und entscheidet sich für Gott – in aller Freiheit.

Auf die Versuchung zum Besitz antwortet er: »Der Mensch lebt nicht vom Brot allein.« Jesus kann also loslassen, ist nicht besessen vom Besitz. Für dieses Loslassen gibt es eine gute

Übung: das Fasten. Gemeint ist damit nicht das Bemühen, schlanker zu werden, um gesünder zu leben oder besser auszusehen. Fasten ist vielmehr die Einladung zu einem selbstbestimmten Leben. Es geht darum, frei zu werden von Gewohnheiten, Bedürfnissen und Ansprüchen, um wieder frei zu werden zu sich selbst. Wer loslassen kann und verzichten, der wird wieder Herr im eigenen Haus. »Fasten your seatbelt«, heißt es im Flugzeug: Fasten macht Leib und Seele fest.

Auf die Versuchung zur Macht antwortet Jesus: »Vor dem Herrn, deinem Gott, sollst du dich niederwerfen und ihm allein dienen.« Damit erkennt er an: Gott ist Gott und sonst niemand! Er relativiert unser Machtstreben: Kein Mensch ist allmächtig. Ein gutes Mittel, Gott als Gott anzuerkennen und sich dabei selbst zu relativieren, ist das Gebet. Denn wer betet, hört auf Gott, spricht zu ihm oder schweigt vor ihm. Auf jeden Fall hält er sich nicht selbst für Gott.

Und schließlich antwortet Jesus auf die Versuchung zu Ruhm und Eitelkeit: »Du sollst den Herrn, deinen Gott, nicht auf die Probe stellen.« Die Ehre gehört Gott, denn was Menschen um ihrer eigenen Ehre willen tun, nimmt selten ein gutes Ende. Selbstverständlich braucht jeder Mensch Anerkennung. Wer jedoch immer nur toll sein will, landet bald im Tollhaus. Ein bewährtes Mittel, sich selbst nicht zu wichtig zu nehmen, ist das Almosengeben. Damit ist nicht gemeint, vom reich gedeckten Tisch nur ein paar Brosamen abzuzweigen, sondern alles zu teilen, was man hat und so viel man kann, wirklich und wahrhaftig.

Die grundlegenden Versuchungen heißen: Besitz, Macht und Ruhm. Wenn ich mich davon nicht gefangen nehmen lasse, werde ich in den Krisen des Lebens standhalten. Ich werde ein selbstbestimmtes Leben führen. Die Mittel dazu können heißen: Fasten, Beten und Almosen geben. Fasten bedeutet, eine gesunde Einstellung zu mir selbst zu haben. Beten heißt, mit Gott im Gespräch zu bleiben, und Almosen geben führt dazu, dass ich nicht mehr um mich selbst kreise, sondern mein Leben mit anderen teile. Die Liebe zu mir selbst, zu Gott und zum Nächsten bewirkt, dass ich innerlich frei bleibe.

Wer mit sich, mit Gott und den Menschen im Reinen ist, der bestimmt sein Leben selbst. Selbstbeherrschung statt Fremdbestimmung, leben statt nur gelebt werden: Die Freiheit nehme ich mir! Es ist die Freiheit, die Gott mir schenkt. Und deshalb bete ich: »Und führe mich in der Versuchung.«

Aufbruch
Kein frommer Heimatverein

»Die Kirche soll vor allem Heimat bieten.« So etwas höre ich in meiner Gemeinde oft. Für viele Menschen bewahrt die Kirche das letzte Stück Heimat, das ihnen geblieben ist – in dieser schnellen, bunten Welt. Deshalb wollen sie, dass es dort harmonisch zugeht. Sie möchten sich wohlfühlen in ihrer Gemeinde und schöne Feste feiern, besonders an den Wendepunkten des Lebens. Sie restaurieren alte Gebäude und feiern Jubiläen. Besonders häufig trifft man sie beim sogenannten »gemütlichen Beisammensein«, jener meist inhaltsleeren Kaffee-und-Kuchen-Beheimatung mit einem gestressten Pfarrer am Vorstandstisch. Damit wirken unsere Kirchengemeinden – auch – wie Verwaltungseinheiten für schöne Gefühle.

Ich kann das gut verstehen. Auch ich habe zu Hause glauben gelernt. Mit meiner Heimatkirche verbinde ich die frühesten Erfahrungen kindlicher Geborgenheiten. Und meine wichtigsten Glaubenszeugen. Doch wenn ich aus der Enge dieser bürgerlichen Stadtrandgemeinde nicht aufgebrochen wäre – mein Glaube steckte immer noch in den Kinderschuhen. Denn die Herausforderung des Evangeliums heißt nicht Heimat, sondern: aufbrechen in die Nachfolge Jesu!

Diesen Aufbruch jedoch wagen nicht viele. Für die meisten bedeutet Glauben einfach Heimat. Da sind junge Menschen, die haben das volle kirchliche Programm mitgemacht: Taufe, Erstkommunion, Firmung. Inklusive Jugendarbeit. Wenn sie dann ins Studium gehen, verschwindet mit der Heimat auch die Kirchenbindung. Die meisten sind dann für immer fort, manche finden wieder zum Glauben, wenn sie eigene Kinder haben, einige knüpfen an die Erfahrung ihrer Jugendzeit an, wenn sie nach der Ausbildung zum Heimatort zurückgekehrt sind. Besonders heimatlich wird es natürlich an Weihnachten: Man ist bei seinen Verwandten zu Besuch. Zusammen mit ihnen feiert man die Gefühle von einst. Und nutzt dafür den Rahmen christlicher Rituale. So wird Kirche zur kollektiven Regression.

Ich finde das gar nicht so schlimm, wie es sich vielleicht anhört. Denn in alledem liegt ja doch eine tiefe Sehnsucht verborgen: die Sehnsucht nach Geborgenheit, nach jener letzten Heimat, die wir Gott nennen. Deshalb biete ich gerne diesen emotionalen Service. Schließlich geht es sehr engagierten Christen auch nicht viel anders. Allein wenn ich daran denke, wie sie ihren eigenen Kirchturm verteidigen, wenn eine Gemeindefusion ansteht. So, als wäre das Christentum im Nachbardorf bereits eine fremde Religion. Wie soll man da an »Erlösung für alle« glauben? Oder gar seine Feinde lieben lernen? Der fromme Heimatverein, der sich Pfarrgemeinde nennt, muss deshalb immer wieder aufgerüttelt werden. Damit man vor lauter Geborgenheit den Anspruch Jesu nicht vergisst. Gemütlichkeit jedenfalls war noch nie provozierend.

Glauben bedeutet Aufbruch. Das erste Wort in der Bibel, das Gott zu einem wirklichen Menschen, nämlich zu Abraham, sagt, ist: »Geh fort aus deinem Land, aus deiner Verwandtschaft und aus deinem Vaterhaus in das Land, das ich dir zeigen werde!« (Gen 12,1). Und im Aufbruch ins Gelobte Land, dem Exodus, hat Israel seinen Ursprung: Gott schenkt Freiheit, aber dafür muss sich sein Volk auf den Weg machen.

Auch im Neuen Testament geht es um Aufbruch. Jesus selbst war ein Heimatloser. Er gründet kein Kloster und keine Kirche. Vielmehr ruft er in die Nachfolge ohne Wenn und Aber.

Im Lukasevangelium heißt es: »Als sie auf dem Weg weiterzogen, sagte ein Mann zu Jesus: Ich will dir folgen, wohin du auch gehst. Jesus antwortete ihm: Die Füchse haben Höhlen und die Vögel des Himmels Nester. Der Menschensohn aber hat keinen Ort, wo er sein Haupt hinlegen kann. (...) Wieder ein anderer sagte: Ich will dir nachfolgen, Herr. Zuvor aber lass mich Abschied nehmen von denen, die in meinem Hause sind. Jesus erwiderte ihm: Keiner, der die Hand an den Pflug gelegt hat und nochmals zurückblickt, taugt für das Reich Gottes« (Lk 9,57–58.61–62). Ein ziemlich rauer Ton, den Jesus hier anschlägt, finden Sie nicht? Ihm geht es um das Wagnis der Nachfolge, nicht um Sicherheit. Seine Jünger sollen sich nicht einrichten, sondern unterwegs bleiben. Für die Verkündigung des Evangeliums, sagt Jesus, brauchen sie nichts außer einem Wanderstab, »kein Brot, keine Vorratstasche, kein Geld im Gürtel, kein zweites Hemd und an den Füßen nur Sandalen« (Mk 6,9). Christsein geht mit wenig Gepäck, aber aus ganzem Herzen!

Die frühe Kirche hat das gut verstanden. Im ersten Petrusbrief des Neuen Testaments schreibt der Autor »den erwählten Fremden in der Diaspora« (1 Petr 1,1). Die ersten Christen verstanden sich in der Welt als Fremde, deren eigentliche Heimat nur Gott selbst sein konnte. Sie waren die Ekklesia Gottes, das bedeutet »die Herausgerufenen«, die »Herausgeforderten«. Und sie lebten in der Diaspora, also in der Zerstreuung: unbehaust und fremd.

Christen sind herausgefordert, in der Welt heimatlos zu bleiben, damit sie bereit sind zum Aufbruch. Ausgerechnet das heutige Wort »Pfarrei« atmet noch die Heimatlosigkeit der ersten Christen, denn Pfarrei kommt von griechisch paroikía, was so viel heißt wie »hauslos«. Denn wer sich im Glauben und in der Kirche allzu sehr einrichtet, der richtet bald nichts mehr aus.

Ich will die Glaubensheimat so vieler gar nicht schlechtmachen. Es ist ein Urbedürfnis, irgendwo zu Hause sein zu wollen, für die Seele ein Dach zu haben. Meine Erfahrung ist jedoch, dass viele Gemeinden sehr wohlgefällig im eigenen Saft schmoren. Und sich dabei noch wundern, dass sie so leblos erscheinen. Und so lieblos. Weil nicht mehr erfahrbar ist, worum es eigentlich geht. Wer sich selbst genügt, den wird wohl niemand mehr nach Jesus fragen.

Heimat ist in der Bibel kein Bild für die Welt, erst recht nicht für die Kirche, sondern allein für den Himmel. Für die Sehnsucht nach Gott also, die jedem Menschen innewohnt. »Denn unsere Heimat ist im Himmel« (Phil 3,20). Dort hat Jesus eine Wohnung bereitet (vgl. Joh 14,2), sodass Paulus sagen kann: »Wenn unser irdisches Zelt abgebrochen wird, dann haben wir eine Wohnung von Gott, ein nicht von Menschenhand errichtetes ewiges Haus im Himmel« (2 Kor 5,1).

Ganz bestimmt gehört im Glauben beides zusammen: Heimat finden und aufbrechen! Man darf weder das eine noch das andere aus dem Blick verlieren. Eine Gemeinde, die um sich selbst kreist, verliert ihre Identität. Sie wirkt müde und hat nur wenig Ausstrahlung. Es muss etwas zu spüren sein von der Herausforderung zur Nachfolge, eine »heilige Unruhe« muss zu spüren sein, die hinweist auf eine große Hoffnung.

Genauso müssen Christen mit beiden Beinen auf dem Boden stehen. Mitten in der Welt müssen sie ihren Platz einnehmen. Im ersten Timotheusbrief fragt ein Paulusschüler ganz richtig: »Wenn einer seinem eigenen Haus nicht vorstehen kann, wie soll der für die Kirche Gottes sorgen?« (1 Tim 3,5). Im besten Fall also kennt man sich mit beidem aus: mit Spiritualität und Ökonomie, mit Geistlichem und Weltlichem, mit Mystik und Politik. Wer sich nach der Heimat sehnt, die nur Gott bereiten kann, der bleibt zum Aufbruch bereit. Wer sich in der Welt noch ein wenig fremd fühlt, wird sensibel für das Heimatrecht, das Gott ihm schenkt.

Christen sind in der Welt, aber nicht von der Welt: mit beiden Füßen auf der Erde und mit ganzem Herzen bei Gott.

In den letzten Jahrzehnten funktionierten viele unserer Gemeinden wie religiöse Heimatvereine. Mit ihren Gremien und Vorständen, mit Sitzungen und Satzungen, mit Pfarrfesten und schönen Familienmessen. Und vor allem mit dem liturgischen »Rundum-Wohlfühl-Paket« von der Wiege bis zur Bahre: Kirche als Sahnehäubchen auf dem bürgerlichen Leben. Kein Wunder, dass viele Pfarrgemeinden fast nur noch diejenigen Milieus ansprechen, die auf solche schönen Heimatgefühle Wert legen. Milieu ohne Profil aber ist langweilig, Tradition ohne Inhalt verkommt zur Folklore. Wo bleibt da das Provozierende des Evangeliums, die Herausforderung Jesu zu einem ganz anderen Leben?

Fast schon ist es aufgelöst, dieses christliche Milieu. Die Entscheidung für Jesus ist längst wichtiger geworden, als bloß irgendwie »bei Kirchens« mitzumachen. Damit ist eine Situation da, die derjenigen der Urkirche ziemlich ähnlich ist: Kirche in der Zerstreuung, Christsein in der Fremde. Unbehaust werden die Gemeinden sein, sie werden sich behaupten müssen mit Argumenten und persönlicher Glaubwürdigkeit – statt nur mit dem Gefühl von »Lasst uns miteinander« und »Ach, wie nett«.

Die Gemeinden müssen geistlicher werden, mehr Tiefgang entfalten, bewusster mit Jesus Christus leben. Sonst bleibt auf oberer Ebene nur ein Sozialkonzern mit ganz dünnen theologischen Beinchen und auf Gemeindeebene nur eine Kuschelecke für Herz, Schmerz und dies und das. Es geht um Gott! Die Gottesfrage ist die Frage des modernen Menschen – wenn überhaupt – und deshalb kann und darf man den Glauben nicht mehr einfach voraussetzen. Die Freiheit zu glauben wächst und das ist gut fürs Profil. Ein jeder fange bei sich selber an! Ich möchte gerne ein geistlicher Mensch sein, der Ausstrahlung hat. Die bekomme ich, wenn ich eine gesicherte Identität habe als Christ, als Jesusnachfolger. Und das bedeutet für mich eben auch: heimatlos in der Welt, zuhause in Gott!

»Geheimnis« ist dafür ein sprechendes Wort: Nur im Geheimnis Gottes bin ich wirklich daheim! Die Vorsilbe »Ge« weist im Deutschen immer auf ein Gesamt hin. Das Gesamt von »Berge« zum Beispiel ist ein Gebirge, die Gesamtheit von »Bau« ein Gebäude. Geheimnis bedeutet dann die Gesamtheit von Heim, die größtmögliche Fülle von Heimat.

So ist Gott mein Zuhause. Und das Gebet. Da erfahre ich jene Geborgenheit, die ich brauche, um immer wieder aufbrechen zu können. Ähnlich ist es mit dem Gottesdienst. Das »Geheimnis des Glaubens« schafft Identität – und macht Mut für das Tun des Glaubens im Alltag.

Gott ist mein und unser Geheimnis. Wer mit ihm auf dem Weg bleibt, weist damit hin auf ein großes Ziel. Eine Kirche, die aufbricht, die im Namen Jesu für andere da ist – nur eine solche Kirche kann Heimat bieten. Meister Eckart sagt es so: »Gott ist in uns daheim. Wir sind in der Fremde.«

In den Himmel
Mal katholisch, mal evangelisch

Was ist eigentlich der Unterschied zwischen evangelisch und katholisch? Ganz einfach: Evangelisch ist, wenn man ganz doll an Erlösung glauben soll, aber doch nicht so recht froh daran werden kann. Und katholisch ist, wenn man überhaupt nicht an Erlösung glaubt, diese dann aber nach Herzenslust feiert.

Ich hoffe, Sie verzeihen mir diesen Einstieg, aber er bringt ein Klischee auf den Punkt, nämlich: Evangelische Christen haben besser verstanden, was Gnade bedeutet, können aber von den Katholiken lernen, wie man richtig feiert. Und umgekehrt: Katholische Christen haben einen Nachholbedarf im Verständnis der Bibel, dafür verstehen sie aber mehr von Liturgie.

Ich will die Unterschiede zwischen den Konfessionen nicht in Stein meißeln. Ganz im Gegenteil. Mir geht es um Ökumene, das ist mir ein Herzensanliegen. Einmal anders formuliert: Wie komme ich eigentlich in den Himmel, katholisch oder evangelisch?

Vier Vorüberlegungen.

Erstens: Gott ist konfessionslos. Er ist weder katholisch noch evangelisch noch sonst etwas. Er bekennt sich zu seiner Schöpfung, zu allen Menschen. Aber nicht zu irgendeiner Kirche. Die Spaltung der Christenheit ist eine Folge menschlicher Schuld. Jesus betet: »Alle sollen eins sein: Wie du, Vater, in mir bist und ich in dir bin, sollen auch sie in uns sein, damit die Welt glaubt, dass du mich gesandt hast« (Joh 17,21). Das ist der Maßstab. Deshalb diese erste Feststellung: Gott ist konfessionslos.

Zweitens: Alle Christen sind evangelisch und alle sind katholisch. Evangelisch sind sie, weil sie unter dem Wort Gottes stehen, dem Evangelium. Dieses Wort ist nicht das Eigentum einer bestimmten Kirche oder Konfession. Es ist vielmehr Maßstab und Herausforderung. Und alle Christen sind katholisch. Weil sie das Ganze im Blick haben sollen. »katá holón« bedeutet: »über das Ganze«. Damit hat das Wort »katholisch« in etwa dieselbe Bedeutung wie heute »ökumenisch«. Der christliche Glaube ist eine Botschaft, die für die ganze Welt bestimmt ist. Sie ist universal.

Drittens: Ich bin gerne katholisch, auch römisch-katholisch. Vor einiger Zeit habe ich mal gedacht: »Eigentlich müsstest du evangelisch-lutherisch werden, die haben die bessere Theologie, vor allem in Sachen Gnade und Rechtfertigung.« Aber dann kam ein sehr kluger evangelischer Mitbruder, der sagte: »Bleib du mal schön katholisch. Deine Biografie ist viel wichtiger als die Theologie. Du musst da bleiben, wo du deine Wurzeln hast.« Also bin ich geblieben, was ich bin: römisch-katholisch. Und ich sehe es als meine Aufgabe an, die katholische Kirche evangelischer zu machen – also evangeliumsgemäßer, und die evangelische Kirche katholischer – weiter, offener, spannender und heutiger.

Aber, und das ist die vierte Vorbemerkung: Ich bin ein ziemlich evangelischer Katholik. Ich liebe die Konsequenz, mit der die evangelische Kirche die Bibel auslegt. Ich liebe aber auch den Reichtum der Formen, der Farben, der großen Vielfalt, den mir meine katholische Kirche schenkt. Theologisch haben wir uns nämlich gar nicht so weit voneinander entfernt. Da gab es im 16. Jahrhundert viel Rechthaberei und Dummheit – auf beiden Seiten. Heute sind wir wieder sehr nah beieinander. Aber jetzt liegen fünfhundert Jahre Kulturgeschichte dazwischen. Wir hängen eben doch alle an Gewohnheiten, an Traditionen und kindlichen Geborgenheiten. Die können wir nicht einfach so abstreifen, weil Christen eben auch Menschen sind.

Wie in den Himmel kommen, katholisch oder evangelisch? Ich beantworte die Frage wiederum mit Humor: Evangelische kommen einzeln in den Himmel, sozusagen als »freeclimber«, und Katholiken sind angeseilt, sie halten sich gegenseitig fest und kommen dann gemeinsam an.

Das ist natürlich völliger Unsinn, denn der Himmel ist ja Geschenk des gnädigen Gottes. Und eben kein Berg, den man erklimmen muss – allein oder angeseilt, wie auch immer. Aber, Spaß beiseite: Die evangelische Theologie betont mehr die individuelle Gottesbeziehung, die katholische mehr die gemeinschaftliche. Beides ist wahr und ganz sicher gehört beides auch zusammen.

Also noch einmal: Wie in den Himmel kommen, katholisch oder evangelisch? Ich fange mal von hinten an: »Evangelisch oder katholisch« mit Fragezeichen. Und dann: »In den Himmel« mit Ausrufungszeichen. In den Himmel kommen wir nämlich alle. Ob wir dabei evangelisch oder katholisch sind, ist eine rein innerweltliche Angelegenheit. Die Konfessionen werden im Himmel nicht abgefragt. Gott ist ja konfessionslos, Jesus hat keine Kirche gegründet und der Heilige Geist war bei der Kirchenspaltung definitiv nicht beteiligt.

»Katholisch oder evangelisch?« – In den meisten Punkten sind sich die Christen einig. Die Zeit des Konfessionalismus ist vorbei. In den letzten fünfzig Jahren war mehr Dialog als in den vierhundertfünfzig Jahren davor. Wir haben voneinander gelernt: Die katholische Kirche ist biblischer, die evangelische Kirche ist sakramentaler geworden. Die einen predigen jetzt auch die Bibel und die anderen feiern ihren Gott, ohne dabei verkniffen dreinzuschauen. Die Themen, die vormals trennend waren, werden nun gemeinsam durchdacht.

Zum Beispiel das Thema Rechtfertigung. Den meisten Christen ist längst klar: Der Mensch steht allein durch den Glauben vor Gott gut da und nicht aufgrund eigener Werke. Hier gibt es allerdings noch unterschiedliche Gewichtungen: Die Katholiken betonen mehr die Freiheit des Willens, die Evangelischen mehr die Gnade. Für die einen ist der Mensch durch und durch Sünder, für die anderen hat er noch ein Fünkchen heile Schöpfung in sich. Aber dass das Heil allein von Gott kommt, dass in Christus alles geschehen und geschenkt ist, das ist Konsens.

Kein evangelischer Christ wird die Gnade billig machen, indem er nichts tut, und kein Katholik wird noch Angst haben, sich selbst erlösen zu müssen. Damit ist die wichtigste Frage in der Ökumene geklärt. Defizite gibt es noch in der Volksfrömmigkeit: Die ist bei Katholiken noch allzu kultisch-magisch und von daher klerikal und bei vielen Protestanten macht Glauben einfach zu wenig Spaß. Rechtfertigung, noch einmal ganz einfach ausgedrückt: Wir können alle nur als Beschenkte leben. Oder anders gesagt: Christsein heißt, sich von Gott lieben zu lassen. Gott liebt uns nicht, weil wir gut sind, sondern weil er gut ist. Alles andere folgt daraus.

Ein zweiter ökumenischer Knackpunkt: Eucharistie und Abendmahl. In den Gestalten von Brot und Wein begegnet uns Christus, ganz real im Hier und Jetzt – wir feiern seinen Tod und seine Auferstehung. Die Differenz, die es hier gibt, hat weniger mit Theologie als mit Kirchenordnung zu tun. Denn Protestanten sagen: »Kommt zum Abendmahl, Christus lädt euch alle ein. Irgendwann klappt es dann schon mit der Kirchengemeinschaft!« Katholiken sagen umgekehrt:

»Bevor ihr kommen könnt, muss die Kirchengemeinschaft wiederhergestellt sein. Die gemeinsame Eucharistie ist kein Mittel zur Ökumene, sondern ihr Ziel.«

Der Streit um den gemeinsamen Kommunionempfang für konfessionsverbindende Ehepaare hat für große Unsicherheit gesorgt, ja auch für Unverständnis und Ärger. Die Deutsche Bischofskonferenz konnte sich nicht einigen, der Vatikan gab die Frage zunächst an sie zurück und zog sie dann doch wieder an sich, da es sich um eine weltkirchliche Angelebenheit handeln würde. Vor Ort ist die Frage jedoch längst geklärt, die Christen handeln nach ihrem Gewissen und nehmen ihren Glauben mitsamt der heiligen Kommunion selbst in die Hand.

Denn die Unterschiede im Eucharistie- und Kirchenverständnis mögen in der Theorie relevant sein, aber in der Praxis kann sie kaum einer mehr nachvollziehen, auch sehr engagierte Christen nicht. Ich selbst glaube, dass sich die Kirche hier nicht wichtiger nehmen darf als die Einladung durch Jesus selbst. Deswegen sage ich im Gottesdienst: »Ich darf Sie zwar noch nicht einladen, aber wenn Sie kommen, darf ich Sie auch nicht abweisen. Also entscheiden Sie selbst.« Diese »Interkommunion« wird schon fast überall praktiziert. Im vorauseilenden Gehorsam ist vieles möglich.

Ein dritter ökumenischer Knackpunkt: Das Amt, inklusive Papst. Alle Christen sind berufen, als Erlöste zu leben und Gott durch Wort und Tat bekannt zu machen. Das ist die Berufung aller, das sogenannte gemeinsame Priestertum. Luther hatte es wiederentdeckt und im Zweiten Vatikanischen Konzil wurde der Gedanke auch katholischerseits wieder aufgegriffen. Ist der Pfarrer nur beauftragt, ist er ordiniert oder sogar geweiht? Ist er Priester, also Presbyter, Repräsentant – oder eher Prediger? Steht er »in« der Gemeinde oder ihr gegenüber? Vielleicht beides? Was bedeutet konkret: apostolische Nachfolge? Das sind die Fragen, über die man reden muss. Eines steht fest: Die Menschen brauchen keine Kleriker und Kirchenbeamten, sondern sie wünschen sich gute Seelsorgerinnen und Seelsorger.

Und der Papst? Ich bin froh, dass die römisch-katholische Kirche mit einer Stimme sprechen kann. Das ist in dieser globalen Welt ein enormer Vorteil. Wenn eine Idee erst durch viele Landeskirchen muss, ist sie schon von gestern, wenn sie dann endlich rauskommt. Verkündet wird dann meistens der kleinste gemeinsame Nenner.

Eine Person ist jedoch immer interessanter als ein Gremium, ein Gesicht kann mehr Authentizität haben als eine Synode.

Was mir am Papstamt nicht so gefällt, ist der Anspruch auf Alleinherrschaft in allen Glaubens-, Moral- und Kirchenfragen. Der Papst ist oberster Lehrer und Gesetzgeber, das ist mir zu undurchsichtig. Außerdem ist sein Amt nicht zeitlich begrenzt und die Wahl nicht wirklich basisdemokratisch. Das heißt: Mit der Person des Papstes kann man Glück oder eben auch Pech haben. Aber ein Papst als Sprecher der Christenheit, als Repräsentant der einen Kirche, ein Papst, der nicht über, sondern inmitten eines Konzils oder einer Synode steht: Ich glaube, das wäre ein Weg.

Das ökumenische Miteinander ist selbstverständlicher geworden, alltäglicher, aber heute leider auch wieder gleichgültiger. Das Interesse an den Konfessionen ist gering, weil das Interesse an der Kirche als Institution gering ist. Außerdem sind die Kirchen in Deutschland momentan sehr mit sich selbst beschäftigt, mit ihren Finanzen und Strukturen, mit Querelen und Skandalen, vor allem aber mit einer gewaltigen Bürokratie. Beim Thema Ökumene bleibt es meistens bei frommen

Wünschen und symbolischem Händeschütteln. Das Thema ist gründlich verschlafen worden. Offenbar achtet jede Seite eifersüchtig auf ihre angeblichen Alleinstellungsmerkmale, selbst wenn sie von gestern sind.

Eine versöhnte Verschiedenheit haben wir schon, als Nächstes muss die differenzierte Einheit kommen, aber das wird noch lange dauern. Immer müssen sich Christen an Christus orientieren, von dem sie ihren Namen haben: Christen heißen sie – nicht Kirchis, Katholis oder Evangelis, sondern eben – Christen. Durch gemeinsam gelebtes Christsein wird der Glaube glaubwürdig. Und das ist ja das Ziel: »Damit die Welt glaubt« (Joh 17,21).

Zurück zur Frage: Wie in den Himmel kommen, katholisch oder evangelisch? Bisher ging es um »Evangelisch oder katholisch?« mit Fragezeichen. Jetzt kommt Teil zwei: »In den Himmel!« mit Ausrufungszeichen. Dieser Teil ist mir so gewiss, dass ich ihn ganz kurz halten kann. Jesus Christus ist gestorben und auferstanden – für die ganze Welt, für alle Menschen. Deshalb glaube ich fest, dass alle bei ihm sein werden.

Für Christen wird es ein frohes Wiedersehen werden. Dabei spielt es keine Rolle, in welcher Kirche sie ihren Lebensweg gegangen sind. Gott ist unteilbar, er ist konfessions- und grenzenlos. Unsere krumme Kirchengeschichte kann seinen Heilswillen nicht kaputt machen. Für Christen also ein frohes Wiedersehen.

Und für die anderen – eine große Überraschung. Erlösung für alle, ob sie daran geglaubt haben oder nicht. Es darf nach Herzenslust gefeiert werden!

In der Welt
Gott ist parteiisch, Glaube politisch

Krieg in Syrien, Flüchtlinge auf dem Mittelmeer. Terrorismus und Abschottung der Nationalisten. Donald Trump und die Politik mit dem Ellenbogen. Die Amerikanische Botschaft in Jerusalem, neue Gewalt zwischen Israelis und Palästinensern. Nordkorea, Kim Jong Un, der mit Atombomben spielt, sein Volk gefangen hält und dann doch mit dem US-amerikanischen Präsidenten medienwirksam flirtet, mit welchen Konsequenzen auch immer. Der Dieselskandal, die Macht der Industrie und der Sinn für Wahrhaftigkeit. Bundestagswahl, Sondierungen, Koalitionsverhandlungen. Glyphosat, Lehrermangel, Wohnungsnot. Und dann kommt bald auch noch das: Weihnachten.

Was das miteinander zu tun hat? Vielleicht denken Sie jetzt: »Der kann uns ja ganz schön die Stimmung verderben. Unsere schöne weihnachtliche Stimmung ist uns heilig! Der erzählt uns was von Politik und von den ganzen Weltproblemen. Die wollen wir wenigstens an Weihnachten nicht hören müssen. Da geht es um das Christkind, die Krippe, um Ochs und Esel. Weihnachten ist etwas Frommes, etwas Romantik und ganz viel Besinnlichkeit. Wenn er schon über Weihnachten sprechen will, soll er was vom lieben Gott erzählen. Und jetzt erzählt er uns was – von der Welt!«

Denken Sie so? Das wäre gar nicht schlimm. Ich könnte es verstehen. Aber gerade an Weihnachten geht es um was ganz anderes als allein um fromme Stimmung. Es geht um unsere Welt, um diese ganz konkrete weltliche Welt.

Gottes Sohn ist Mensch geworden: Jesus Christus. Gott liebt die Welt. Er liebt seine Welt so sehr wie seinen eigenen Sohn. Und da sollten Christen sich nicht für die Welt interessieren? Nein, das geht nicht. Keiner darf sich da heraushalten. Keinem kann egal sein, was in der Welt geschieht.

Gott und Welt – das gehört spätestens seit der Nacht von Betlehem ein für alle Mal zusammen. Denn seit Weihnachten weiß ich, was ich Gott wert bin: seinen einzigen Sohn, seine ganze Liebe – von der Krippe bis zum Kreuz, von Weihnachten bis Karfreitag, von der Menschwerdung Jesu bis zum ewigen Leben.

Für mich ist durch Weihnachten klar geworden: Die Welt ist Gottes einzige Sorge, sein einziges Thema. Und deshalb ist sie auch mein Thema. Gottes Sohn ist Mensch geworden: So weltlich ist Gott. Keine Welt ohne Gott, kein Glaube an Gott ohne Welt. Und deshalb gibt es kein Christentum, das nicht auch politisch wäre. Ich denke: Genauso, wie Gott Jesus in die Welt gesandt hat, so schickt er heute – Sie und mich.

Manche denken: Gott und Welt, Politik und Glaube – das sind doch zwei Paar Schuhe. Falsch gedacht: Glaube darf zwar nicht parteipolitisch sein, aber weil Gott parteiisch ist, muss Glauben politisch sein. Das ist keine Politisierung des Glaubens. Vielmehr nimmt es ernst, dass Gottes Sohn wirklich Mensch geworden ist. Dann gehören Gott und Mensch zusammen, Mystik und Politik, Spiritualität und Solidarität. Wenn Gott sich nicht heraushält, darf ich das auch nicht. Wenn Christus sich einmischt, müssen Christen mitmischen.

Christus mischt sich ein in diese Welt. Ganz weltlich. Ich hoffe deshalb, dass wir nicht bloß Weihnachtsromantik feiern. Na klar, »Süßer die Glocken nie klingen«, das weiß ich auch. Aber wir dürfen Gottes Interesse an der Welt nicht in den Tränen der Rührung ersäufen. Man kann doch nicht den lieben Gott einen guten Mann sein lassen und sich dann um seine Welt nicht scheren.

Fromme Gefühle sind noch kein Christentum. Weihnachten als emotionaler Ausgleich, als gefühlvolle Seelenmassage, dafür habe ich Verständnis, das muss wohl so sein. Aber letzten Endes ist es Selbstbetrug. Kirche als Wellness-Club für Gemütlichkeit, als Partyservice bürgerlicher Anständigkeit, damit kann ich umgehen. Damit muss ich sogar umgehen können, das auszuhalten gehört nämlich zu meiner täglichen Arbeit als Pfarrer vor Ort. Aber letzten Endes ist es kindisch. Es ist das Kleid, das man Weihnachten angezogen hat, um es ungefährlich zu machen. Um sich dem Anspruch zu entziehen. Und der Herausforderung zu entgehen.

Von dem evangelischen Theologen Dietrich Bonhoeffer stammt das Wort: »Wir müssen als Christen vor und mit Gott so leben, als ob es Gott nicht gäbe – etsi Deus non daretur!« Das ist ein provozierender Gedanke: »vor und mit Gott so leben, als ob es Gott nicht gäbe«. Selbstverständlich glaube ich an Gott. Ich verdanke ihm mein Leben. Mit ihm will ich leben, mit ihm kann ich sterben, durch ihn werde ich auferstehen. Und dennoch muss ich so leben, als wenn Gott alles in meine Hand gelegt hat, die ganze Welt. Er hat mir mein Leben, die Erde, den Glauben anvertraut. Und jetzt bin ich dran. Bonhoeffer nennt das »Diesseitigkeit« – und plädiert für ein diesseitiges Christentum.

Denn Gott ist nicht bloß Lückenbüßer, wenn's mir schlecht geht, wenn ich traurig bin oder wenn ein Familienfest ansteht. Gott ist der Herr meines ganzen Lebens! Er ist diesseitig, also darf ich ihn nicht wieder ins Jenseits befördern. Er will einer von uns sein, also darf ich ihn nicht mehr in den Himmel verbannen. Er geht mit uns auf Tuchfühlung, also darf ich ihn mir nicht vom Leibe halten.

Deshalb gilt es, Weihnachten herauszuholen aus der Tannenbaumromantik. Da sollten Christen sich unterscheiden, immer mehr. Sich um den Tannenbaum versammeln und gemeinsam singen, das wäre ja schon was. Aber ihn nur hinstellen und sagen: »Ach wie schön, ach wie nett«, was soll das bringen? Geschenke auspacken und das war's, bis zum nächsten Jahr? »I'm dreaming of a white christmas« – und wovon träume ich sonst noch? Und was tue ich dafür?

Das Leben ist kein Krippenspiel, sondern fordert mein ganzes Menschsein. »Leise rieselt der Schnee« ist kein Glaubensbekenntnis, und was nur »Alle Jahre wieder« geschieht, hält in Krisen nicht durch, ist nicht nachhaltig. »Last Christmas« ist nur eine Liebesschnulze und »in der Weihnachtsbäckerei« ist niemals »Stille Nacht«.

Mein Lieblingsweihnachtslied stammt nicht aus dem bürgerlichen Wohnzimmer, sondern aus der Bibel. Es ist ein Lied, das ganz nahe dran ist an der Urkirche, denn es wird bereits von Paulus zitiert. Das heißt, es muss vor ihm dagewesen sein, es war im liturgischen Gebrauch der allerersten Hausgemeinden. Das Lied aus dem Philipperbrief spricht von der radikalen Hingabe des Gottessohnes, von seinem Gehorsam gegenüber seinem Vater. Darin heißt es: »Er entäußerte sich und wurde wie ein Sklave und den Menschen gleich.« Drastisch gesagt: Dieses Lied singt von einem total heruntergekommenen Gott, der sich einmischt in die Welt, indem er einer von uns wird. Dazu gehört, dass er unser Schicksal teilt – auch unseren Tod. Der Gott, der sich einmischt, ist sich nicht zu schade für den

Boden der Tatsachen. Er ist mit uns solidarisch, er kann uns leiden, er ist ein Gott mit politischer Leidenschaft.

Das ganze Lied geht so: »Er war Gott gleich, hielt aber nicht daran fest, Gott gleich zu sein, sondern er entäußerte sich und wurde wie ein Sklave und den Menschen gleich. Sein Leben war das eines Menschen. Er erniedrigte sich und war gehorsam bis zum Tod, bis zum Tod am Kreuz. Darum hat ihn Gott über alle erhöht und ihm den Namen verliehen, der größer ist als alle Namen, damit alle im Himmel, auf der Erde und unter der Erde ihre Knie beugen vor dem Namen Jesu und jeder Mund bekennt: Jesus Christus ist der Herr zur Ehre Gottes, des Vaters« (Phil 2,6–11).

Gott ist weltlich, politisch, aber Menschen sperren ihn wieder in den Himmel ein. Deshalb, um das Ganze auf die Spitze zu treiben, man möge es mir verzeihen: Lassen wir doch diesen Blödsinn mit dem Christkind, das die Geschenke bringt. Manchmal denke ich: Unsere Kinder wissen oft gar nicht mehr, dass Jesus das Christkind ist, eben der Christus. Es scheint vielmehr so eine Art Fabelwesen zu sein, das vom Himmel runterfliegt, ein Paketzusteller für Konsumgüter. Das hat nichts mit Glauben zu tun, es ist nicht einmal mehr Kinderglaube, es ist bestenfalls noch religiöser Kitsch. Religionspädagogisch gesehen ist es eine glatte Lüge.

Eine Lüge, die schlimme Folgen haben kann: Die Eltern werden unglaubwürdig, weil sie diese Vorschulversion des Christentums unreflektiert weitertragen. Oftmals sind sie ja selbst darin stecken geblieben, religiöse Entwicklung gleich null. Was sollen die Kinder denn glauben, wenn man es ihnen zuerst so und dann wieder ganz anders erzählt? Kinderglaube ist Zwergenglaube, denn wer nicht wächst, bleibt kein Kind, sondern wird ein Zwerg. Und der Weihnachtsmann –

das wissen alle – ist eine Erfindung von Coca-Cola. Eine Marketingstrategie, auf die die halbe Welt hereingefallen ist. Na dann prost! Das Ganze lebt von der Häresie, dass Konsum doch glücklich machen soll. Obwohl jeder weiß, dass es nicht so ist.

Der Sinn der Geschenke ist doch: Wir beschenken einander, weil Gott uns Jesus geschenkt hat. Nicht mehr und nicht weniger! Viele lassen sich die Geschenke etwas kosten, ohne Zweifel. Was aber kostet ihnen der Glaube? Ist er für viele nicht allzu billig geworden? Eine billige Jenseitsvertröstung, ein Gott an den Rändern des Lebens, aber nicht in der Mitte, ein Gott für Hochzeiten und Beerdigungen, aber nicht für die Welt, für diese ganz konkrete weltliche Welt. Mit all ihren Sorgen und Problemen.

Harte Worte! Habe ich allzu unbarmherzig gesprochen? Gott und Welt gehören zusammen. Für immer und ewig! Manchmal denke ich: Religion ist für viele Zeitgenossen scheinbar immer noch ein Beruhigungsmittel: Opium des Volkes. Religion als Konsumartikel, Kosmetik für Herz und Schmerz: schön, feierlich, furchtbar nett – aber erschreckend folgenlos. Alles bloß Dekoration, es kommt nämlich überhaupt nichts dabei heraus. Man ändert sein Leben um keinen Deut. Kirche ist dann nicht mehr Glaubensgemeinschaft, sondern frommes Unterhaltungsprogramm.

Gott aber sandte seinen Sohn, um sich kräftig einzumischen. Die Geburt im Stall von Betlehem war schon ziemlich hart. Da hat Gottes Sohn schon den letzten Platz gewählt. Später, als er zu predigen begann, da kam er mit Forderungen: »Bekehrt euch und glaubt an das Evangelium!« Und er kam mit Herausforderungen: »Du aber, folge mir nach!« Und er kam als Heiland: »Dein Glaube hat dir geholfen!« Er rüttelte auf, beunruhigte, stellte in Frage, stellte die Welt auf den Kopf. Und heute kommt er auf uns zu, auf Sie und mich: »Ich bin der Weg, die Wahrheit und das Leben!« – »Ich bin die Wahrheit deines Lebens!«

Ich möchte Ihnen mit meinen Gedanken nicht die Lust auf Weihnachten verderben. Ich möchte Sie und mich nicht verstimmen, sondern einstimmen. Nicht auf das Christkind, sondern auf Christus. Einstimmen auf seine Stimme. Auf das Evangelium. Christen sind auf Christus gestimmt, nicht auf »Kling, Glöckchen, klingelingeling« und »Morgen, Kinder, wird's was geben«. Und das übrigens das ganze Jahr über!

Einstimmen möchte ich, damit der Glaube praktisch wird. Weltlich. Politisch. Für das konkrete Leben. Mitmischen. Sich einbringen. Und dafür sorgen, dass die Welt ein kleines bisschen besser wird. Gott ist weltlich – deshalb braucht er ein diesseitiges Christentum: mit beiden Füßen auf dem Boden, mit dem Herzen bei Gott und dem Gesicht zur Welt.

Christbaumschmuck und Marzipan werden wohl immer dazugehören, Krippen und Weihnachtsmärkte auch, das ganze Programm von Rührseligkeit und Kommerz. Und dennoch: Glaube betäubt nicht, sondern ernüchtert. Er verhätschelt nicht, sondern weckt auf.

Mein Traum
Warum ich Priester bin

Warum bin ich Priester? Weil es mein Traumberuf ist! Ich kann nämlich voll und ganz nach meinem Gewissen handeln. Ich darf Menschen auf ihrem Lebensweg begleiten, auf ihrem Glaubensweg. Und das aus meinem eigenen Glauben heraus. Mit dem, was mir wichtig geworden ist. Das gibt mir Sinn und Erfüllung. Trotz allem, was im Moment vielleicht schwierig ist.

Ich bin 1994 zum Priester geweiht worden. Im nächsten Jahr sind das 25 Jahre, ein Vierteljahrhundert. Mittlerweile hat sich viel geändert in Gesellschaft und Kirche. Aber auch in meinem Verhältnis zu diesem Beruf. Deshalb ist es mir heute viel wichtiger, wer ich bin als Christ. Ich bin ein Christ, der eben auch ein Amt hat. Ich sehe mich mehr als Verkünder einer Botschaft und nicht so sehr als Vertreter einer Institution. Ich bin mehr Christ in der Welt als Priester in der Kirche.

Wie ich Priester geworden bin? Am besten, ich fange mal ganz von vorne an: Ich bin katholisch sozialisiert, das heißt, ich habe meinen Glauben geerbt, habe in Familie und Gemeinde mitgemacht, was andere vorgemacht haben. Christsein durch Geburt und Tradition. Die bewusste Entscheidung für Jesus kam erst viel später. Vorbilder hatte ich so gut wie keine. Die Priester in meiner Heimat wirkten auf mich eher verschroben oder waren voller Machtallüren. Deshalb ärgerte man sich in meinem Elternhaus über den Pfarrer, aber von Gott gesprochen wurde nicht. Mein eigener Zugang zum Glauben war eher die Musik, nicht die Theologie.

Dennoch habe ich mit dem Theologiestudium begonnen, einfach weil ich Priester werden wollte, Seelsorger. Vor allem war ich von Jesus fasziniert, von seinem Gottvertrauen, seinem Leben und Sterben. Und wie er heute in der Welt erfahren werden kann: im Handeln der Kirche, im Gebet, aber eigentlich auch in jedem Menschen, der die Welt verändern will. Ich wollte Priester werden um Jesu willen, weil ich die Erfahrung gemacht habe, dass der mich annimmt und liebt, wie ich bin.

Das Interesse an Theologie kam erst mit dem Studium. Die Theologie hat meinen Glauben kräftig geläutert, wofür ich sehr dankbar bin. Kindliche Vorstellungen mussten weg, kritisches Denken musste her. Vor allem habe ich gemerkt, dass wir von Gott nur in Bildern sprechen können und dass nicht alles gleich wichtig ist, was sich so angesammelt hat im Laufe der Kirchengeschichte. Also immer schön locker bleiben, die Theologie hat nicht viel mehr zu bieten als Sprechversuche von einem großen Geheimnis. Von einem Geheimnis aber, das mir in Jesus sehr nahegekommen ist. Seinetwegen wollte ich Priester werden und möchte es bleiben, solange ich lebe.

Im Priesterseminar waren wir 37 Erstsemester, ein großer Kurs. Dort, im Collegium Borromäum in Münster, gab es gute Ausbilder. Es waren die ersten wirklichen Seelsorger, denen ich begegnen durfte. Ich war dort sehr gerne. Manche meiner Freunde sagen, ich hätte das Seminar relativ unbeschadet überstanden, das sei schon viel. Denn tatsächlich ging es dort manchmal ziemlich drunter und drüber.

Bei der Priesterweihe waren von den 37 Erstsemestern noch 18 übrig. Sechs davon haben mittlerweile ihr Amt aufgegeben und geheiratet. Auch vier meiner priesterlichen Ausbilder sind aus dem Amt geschieden. Das ist fast unerträglich, denn sie alle waren wirklich gute Seelsorger, kreativ und nahe bei den Menschen. Warum ich dabeigeblieben und noch Priester bin? Ich glaube, es liegt daran, dass ich schnell gelernt habe, nüchtern auf meinen Beruf und die Institution Kirche zu schauen: Ich habe von Anfang an Kontroversthemen angepackt, war kritisch und auf der Suche nach Argumenten. Autoritäten waren mir schon immer suspekt. Ich habe mich an diejenigen gehalten, die nach der Wahrheit suchten, und bin denen aus dem Weg gegangen, die meinten, sie würden die Wahrheit endgültig besitzen. Über die ganze klerikale Eitelkeit konnte ich immer schon ein bisschen lächeln, Gott sei Dank. Mit einer guten Prise Humor ist das eigentlich ganz gut auszuhalten.

In den ersten Berufsjahren als Kaplan war alles einfach: eine lebendige Gemeinde in Gestalt von sehr aktiven und selbstbewussten Christinnen und Christen. Ich war Everybodys Darling und fühlte mich getragen. Es war eine Akzeptanz, die einen geradezu süchtig machen konnte. Wenn es so geblieben wäre, dann wäre Priestersein ein Traumberuf ohne Wenn und Aber. Gottesdienst und Predigt, Seelsorge und Gespräch erfüllen mich bis heute mit innerer Zufriedenheit. Das alles mache ich sehr gerne.

Doch nach drei Jahren kam die erste Ernüchterung. Da habe ich gemerkt: Wenn du nicht für dich selbst sorgst, tut es keiner. Für meinen Arbeitsalltag, für meinen Platz in der Kirche, ja auch für meine Glaubwürdigkeit bin ich ganz allein verantwortlich. Damals schlich sich eine gewisse Resignation in die stärker werdende Routine ein. Ich wurde Jugendseelsorger und dann Rektor einer Akademie. Dort habe ich gute Erfahrungen gemacht, vor allem in der geistlichen Begleitung. Doch immer habe ich gewusst: Als Gemeindepfarrer würde ich am glücklichsten sein. Denn da hat man nicht nur Angebote zu machen, sondern darf das ganze Leben begleiten.

Nach einigen Jahren bot sich eine größere Pfarrstelle an, auf die ich mich spontan beworben habe. Dort war ich schnell zu Hause, es war traumhaft schön. Wenn auch nicht mehr alle zum Gottesdienst kamen, so gab es doch eine große Nähe zu den Menschen. Und mit einem kompetenten Seelsorgeteam ist man niemals allein. Als Pfarrer auf dem Land ist man gut vernetzt und fast überall gerne gesehen. Das macht richtig Spaß: Es gibt Interesse an Inhalten und mit den Einrichtungen der Pfarrei konnten wir viel Gutes aufbauen.

Mittendrin kam die Enttäuschung: Traditionsabbruch, Gemeindefusion, Denkverbote. Das macht auch vor einem Landpfarrer nicht halt. Alles in allem scheint mir: Wir sind als Kirche auf der Flucht vor der Postmoderne. Wir ziehen uns zusehends zurück und ich befürchte, wir werden zur frommen Sekte. Statt das Amt für neue Zugangswege zu öffnen, ist ein neuer Klerikalismus entstanden. Die Kirche entfernt sich von den Menschen, ihre Vertreter sind ohne Zweifel fromm und freundlich, aber zum Teil nicht fähig zum Dialog mit der modernen Welt. Unter Papst Franziskus hat sich das Blatt gewendet, aber bisher ist auch hier außer mit Worten nur wenig geschehen, jedenfalls wenig Konkretes.

Der Zölibat ist ein Thema ohne Ende. Die Diskussion darüber begleitet mich als Priester auf Schritt und Tritt. Für die Gemeinde ist der Zölibat faktisch bedeutungslos, er ist höchstens Anlass für Witze und die penetrante Neugier einiger Kanzelschwalben. Die Gründe für den Zölibat sind theologisch und historisch nicht mehr haltbar. Man kann den Zölibat noch geistlich sehen: als Zeichen der Jesusnachfolge oder als Zeichen für die Liebe Gottes, die immer größer ist.

Ich halte es für besser, den Zölibat freizustellen. Und noch mehr: Ich halte ihn für eine der strukturellen Sünden der Kirche. Denn auch der Priestermangel gehört zu den Zeichen der Zeit, durch die wir Gottes Willen erkennen sollen. Aber es geschieht nichts. Die Kirche wird sehenden Auges fromm vor die Wand gefahren. Wir »beschenken« die Gemeinden mit dem Zölibat, den die meisten Christen gar nicht wollen, und »rauben« ihnen dafür die heilige Eucharistie, auf die alle Christen ein göttliches Recht haben. Das ist zumindest hartnäckig, wenn nicht gar verantwortungslos. Auf jeden Fall zeigt es, wie sehr man verhärmt sein kann im gut Gemeinten. Nach meiner Kenntnis kirchlicher Interna spielen hier auch besonders viele Nebenabsichten eine Rolle, über die man besser schweigen sollte. Ich weiß, das sind harte Worte, aber ich meine, wir sollten dem Ganzen schonungslos ins Auge schauen.

Wobei: Ich glaube nicht, dass der Zölibat in absehbarer Zeit freigestellt wird. Das liegt nicht nur an der weltkirchlichen Ungleichzeitigkeit. Es liegt auch am völlig überhöhten, sakralisierten Priesterbild. Der Priester ist ja eigentlich nur Verkünder des Wortes und Darsteller Jesu Christi in den sakramentalen Handlungen. Das heißt, er verkündet das Evangelium, steht dem Gottesdienst vor und leitet die Gemeinde. Aber das Priesterbild vieler Katholiken ist immer noch aufgeladen mit archaischen Vorstellungen, es verleiht dem Amtsträger eine Macht, auf die man offenbar nicht verzichten möchte. Obwohl sie völlig unbiblisch ist. Es ist viel Magie im Priesterbild, Klerikalismus eben. Der Missbrauchsskandal hat gezeigt, wie schädlich und schändlich diese Überhöhung des Amtes ist und was für katastrophale Folgen sie haben kann.

Wir brauchen eine Kirchenreform. Darauf hoffen viele, daran arbeiten viele, sie arbeiten sich daran geradezu ab, ohne

Erfolg. Auch ich bin kritisch, aber aus Loyalität. Denn es gibt einen großen Vertrauensverlust, ja eine regelrechte Spaltung zwischen Leitung und Basis. Die Kirche hat ein Kommunikationsproblem, sie spricht nicht mehr die Sprache der Menschen und wird deshalb nicht verstanden. Wiederverheiratete Geschiedene und Gleichgeschlechtliche fühlen sich aus der Kirche ausgeschlossen. Große Pfarreien überfordern viele Seelsorger und führen zu Resignation und innerer Kündigung. Statt wirklicher Seelsorge geht es nur noch um Dienstleistung an den Rändern des Lebens: Geburt, Heirat und Tod. Und in der Ökumene tut sich so gut wie nichts mehr.

Es mangelt unserer Kirche an einer Kultur des Dialogs auf Augenhöhe. Angepasstes Verhalten und kindlicher Gehorsam werden belohnt, mündiges Eintreten für Kirchenreformen wird bestraft, oft auf sehr subtile Weise. Das klerikale Priesterbild bedarf einer Korrektur, denn das Recht einer Gemeinde auf Leitung und Gottesdienst ist wichtiger als der Zölibat der Amtsträger. Und schließlich: Die Stellung der Frau in der Kirche muss auch auf das Amt hin neu bedacht werden, sonst wird die Kirche viele engagierte Frauen verlieren. Diese Frage muss man stellen dürfen: Zugang zu allen Ämtern?

Ich erlebe jedoch, dass sich seit Jahrzehnten nichts bewegt. Daran ändern auch die vielen Laiengremien nichts, denn sie dürfen ja nur beraten, aber nichts entscheiden. Foren und Synoden sind häufig nur Demokratiekompensate, die den Anschein erwecken sollen, die Laien dürften irgendetwas mitbestimmen. Deshalb muss auch das monarchische Verständnis des Bischofsamts überprüft werden. Denn dieses Amt ist so angelegt, dass die Versuchung groß ist, sich wie ein kleiner König aufzuführen. Mehr Demokratie ist vonnöten – auch in der Kirche.

Was ist meine Identität heute? Wer bin ich als Gemeindepfarrer, jetzt, in der Mitte meines Lebens? Vielleicht Konkursverwalter? Manche in meiner Pfarrei sehen mich als Chef, als Dienstgeber vieler Angestellter. Das möchte ich eigentlich nicht sein.

In der öffentlichen Wahrnehmung bin ich häufig nur Repräsentant einer Institution, ich gehöre irgendwie zum gesellschaftlichen Leben dazu. Ich selbst aber fühle mich angesprochen von Jesus, ich möchte mit ihm in der Welt leben, ihm in den Menschen begegnen und sie mit ihm bekannt machen. Als junger Priester habe ich nach immer neuen Methoden und Aktionen gesucht. Jetzt bin ich schon etwas ruhiger geworden und spreche mit ganz einfachen Worten von meinem Glauben. Auch die Kirche ist mir wichtiger geworden, nicht als Institution, sondern als Gemeinschaft. Kirche, das sind für mich die Menschen, die beten, wenn ich es nicht kann, und die glauben, während ich zweifle. Diese Kirche wird kleiner werden und weniger Einfluss haben. Sie wird mobiler werden mit weniger Immobilien. Sie wird glaubwürdiger, weil sie weniger Macht haben wird. Sie wird ansprechender sein, weil sie der frommen Worte überdrüssig ist.

Ich möchte Seelsorger sein in allen Lebenslagen, aber auch Theologe, denn nur der reflektierte Glaube wird zukunftsfähig sein. Ich glaube, dass Gott schon bei den Menschen ist, ich muss ihn da nicht erst hinbringen. Das entlastet. Wichtig ist mir das regelmäßige Gebet, die Meditation. Ich habe das kontemplative Gebet entdeckt, das einfache Gegenwärtigsein mit Jesus in Gott. Darin kann ich eine gewisse Ursprünglichkeit meiner Berufung bewahren. Und, ganz besonders wichtig: die Feier der Eucharistie, die heilige Messe also. Daraus lebe ich, davon bin ich beseelt, das möchte ich mit anderen teilen.

Als Student bin ich oft erstaunt gefragt worden: »Was, du willst Priester werden? Um Gottes willen!« Und ich habe geantwortet: »Ja, genau deswegen: um Gottes willen!«

Das sehe ich immer noch so, nach fast 25 Jahren. Priestersein bleibt für mich ein Traumberuf: dank, mit und manchmal auch trotz der Kirche.

Denkanstöße
Aus dem Glauben leben

Begegnungen

Jeden Tag begegne ich vielen Menschen. Manche dieser Begegnungen machen mich nachdenklich. Sie stellen Fragen, sie transzendieren meinen Alltag. Ich bin davon überzeugt: In all diesen Menschen begegne ich auch – Gott.

Das wäre doch nicht nötig gewesen

Wenn ich einen Besuch mache, bringe ich gerne etwas mit. Nur eine Kleinigkeit. Damit ich etwas in der Hand habe. Zur Begrüßung. Oft höre ich dann: »Das wäre doch nicht nötig gewesen.« Meine Reaktion darauf: »Wenn es nötig gewesen wäre, hätte ich bestimmt nichts mitgebracht.«

Gerade die Dinge, die nicht nötig sind, die sind oft einfach schön. Sie zeigen Zuwendung. Interesse. »Ich habe an dich gedacht.« – »Ich habe mir Gedanken gemacht.« – »Ich will dir eine kleine Freude bereiten.« Geschenke aber, die nötig sind, die womöglich nur auf Ansprüche reagieren – solche Geschenke mache ich nicht gerne. Wenn etwas ganz Bestimmtes erwartet wird, dann fällt mir das Schenken schwer.

Ich glaube: Was Gott für Sie und mich getan hat, das wäre auch nicht nötig gewesen. Die Welt ist nicht nötig, es wäre auch ohne gegangen. Warum gibt es überhaupt etwas und nicht vielmehr nichts? Die Menschen sind nicht nötig, sondern seine Geschöpfe. Wir kommen alle aus der großen Fantasie Gottes. Jesus wäre auch nicht nötig gewesen – niemand hatte sich ausgedacht oder gewünscht, dass Gottes Sohn

Mensch wird. Es ist alles geschenkt. Und deswegen kann ich nur als Beschenkter leben.

Bin ich nötig auf dieser Erde? Ich glaube, nicht. Es würde auch ganz gut ohne mich gehen. Wenn es mich nicht schon gäbe, würde mich niemand vermissen. Andere würden den Platz ausfüllen, an dem ich jetzt stehe. Aber ich freue mich darüber, dass ich da bin. Und für andere da sein kann. Deshalb bringe ich immer öfter bei Besuchen gar nichts mehr mit. Ich sage dann einfach: »Ich habe etwas Zeit mitgebracht. Und das ist wirklich das Wertvollste, das ich habe.«

Schenken Sie heute jemandem etwas Zeit. Das ist vielleicht nicht nötig, aber schön. Nicht nützlich, aber sinnvoll.

Tratsch

Warum sprechen die meisten Menschen so gerne über andere Leute? Warum machen sie sich so oft einen Kopf darum, was andere sagen, denken oder tun? Warum tratschen und lästern sie? Vielleicht, um von eigenen Schwächen abzulenken. Denn durch den Vergleich mit den Fehlern der anderen sehen die eigenen Macken schon nicht mehr so hässlich aus. Vielleicht auch, weil man selbst nur wenig weiß und einem deshalb nichts anderes einfällt.

Über andere Leute sprechen, das gibt es natürlich auch im öffentlichen Leben. Wie viele Politiker sind an der Häme ihrer Neider gescheitert? Wie viele Lehrer und Erzieherinnen, die sehr gute Arbeit machen, müssen für üble Nachrede herhalten? Manche Nachbarschaft ist über böses Gerede in Unfrieden geraten. Ja, auch in der Kirche gibt es Klatsch und Tratsch – von der Pfarrgemeinde bis zum Vatikan. Der Vatikan-Tratsch wird dann immer besonders breitgetreten. Um es gleich zu sagen: Ich finde es gar nicht schlimm, über andere Leute zu reden. Wo kämen wir denn hin, wenn wir gar kein Interesse mehr hätten an dem, was unsere Mitmenschen tun, und uns darüber austauschen? Es gibt aber zwei Bedingungen. Erstens: Es muss wahr sein, was ich über sie sage. Habe ich das, was ich weitererzähle, wirklich überprüft oder plappere ich nur nach, was andere behaupten? Zweitens: Ich soll das, was ich über andere sage, so formulieren, dass sie dabei sein könnten. Denn dann fällt das Urteil meistens viel objektiver und barmherziger aus. Eine gute Hilfe ist es, nur die eigene Wahrnehmung zu äußern und sogenannte »Ich-Botschaften« zu formulieren, anstatt nur einseitige Urteile und abschätzige Behauptungen vom Stapel zu lassen. Testen Sie das mal: Selbst ein »Der redet Quatsch« klingt gleich etwas anders, wenn gesagt wird: »Ich finde, der redet Quatsch.«

Im Grunde genommen genügt es, sich vorzustellen, wie Gott selbst wohl auf die betreffenden Personen schaut. Ich denke: Die Welt mit den Augen Gottes sehen, das ist eine gute Art und Weise, miteinander umzugehen. Gott kennt natürlich auch all den Quatsch, den die Menschen mit sich tragen und den sie fabrizieren. Er sieht aber vor allem den eigentlichen Kern des Menschen, er schaut ins Herz, er achtet das Wesen. Deshalb ist er mit uns viel barmherziger, als wir es miteinander sind. Reden wir also ruhig über andere Leute, am besten nur Gutes. Und immer so, dass sie es hören könnten!

Wie geht's?

Jeden Morgen das Gleiche. Ich trete aus dem Haus, fahre zu meinem ersten Termin, bei mir ist das meistens der Gottesdienst. Vor der Kirche: Man begrüßt einander, wird gegrüßt. »Guten Morgen, wie geht's?«, schallt es zu mir herüber. Eigentlich eine ganz nette Frage, ich freue mich darüber. Vielleicht geht es Ihnen auch so, am Frühstückstisch, auf dem Weg zur Arbeit, die erste Begegnung mit den Kollegen, die Einstiegsfrage am Telefon. Immer und überall: »Wie geht's?«

Eine nette Frage. Jedenfalls klingt sie ganz nett, klingt nach Interesse. Doch mal ehrlich: Eine ehrliche Antwort erwartet eigentlich keiner. Meistens jedenfalls. Der Fragesteller geht eilig an mir vorüber. Vertieft sich in seine Zeitung oder ins Handy. Oder er ist bald schon wieder in seine eigene Arbeit versunken. Wendet sich schnell von mir ab. Irgendwie rechnet wohl keiner damit, dass ich antworte auf »Wie geht's?« So habe ich manchmal das Gefühl: Wie es mir wirklich geht, das will eigentlich keiner so wirklich wissen.

Machen Sie doch mal einen Test. Antworten Sie auf die Frage: »Wie geht's?« einfach mal mit: »schlecht«. Oder mit: »im Moment überhaupt nicht gut«. Ob sich dann eine Gelegenheit ergibt, miteinander zu sprechen? Ob jemand aufmerkt, sich Zeit nimmt, zuhören mag? Das Interesse ist oft schnell dahin, die Frage nach dem Wohlbefinden ist längst zur Floskel geworden.

Ich glaube, dass es einen gibt, der sich wirklich für mich interessiert. Der sich Zeit für mich nimmt. Dem ich alles erzählen kann, was mich bewegt. Dieser Glaube macht mir Mut, auch für andere da zu sein, mich für sie zu interessieren, mir

Zeit für sie zu nehmen. Auch ich beginne viele Gespräch mit der Frage: »Wie geht's?« Aber nur dann, wenn ich wirklich Zeit habe, jemandem zuzuhören. Erzählen tut gut, zuhören auch. Mit dem gegenseitigen Vertrauen, das dadurch entsteht – geht's mir gut.

Handaufleger

»Ich war bei einem Handaufleger«, sagt mir die Frau. Sie, die schon lange Zeit so einiges an Problemen mit sich herumschleppt. »Ich war bei einem Handaufleger, der hat 50 Euro genommen.«

»Warum sind Sie nicht einfach zu mir gekommen?«, frage ich zurück. »Bei mir wäre das kostenlos gewesen.«

»Wieso, können Sie denn auch Handauflegen?«

Spontan lege ich ihr eine Hand auf den Kopf: »Na klar, sehen Sie doch, ist ganz einfach.«

Es liegt mir fern, mich über Handaufleger lustig zu machen. Es mag ja Dinge zwischen Himmel und Erde geben, für die ich einfach nicht zugänglich bin. Wer zu einem Wunderheiler geht, hat sicherlich schon so manches durchgemacht. Es mag der letzte Grashalm sein, an dem man sich festhält. Dennoch: Ich bleibe kritisch und vertraue lieber medizinischen Fachleuten.

Denn was an der Handauflegung soll eigentlich heilsam sein? Liegt die Heilung nicht in einem selbst? Klar: Auch die Bibel überliefert viele wundervolle Geschichten. Jesus heilt Blinde und Lahme, ja, er weckt sogar Tote auf. Aber jedes Mal sagt er dann zu den Geheilten: »Dein Glaube hat dir geholfen.« Also nicht: »Ich habe geholfen.« Und auch nicht: »Meine Heilmethode ist die beste«, Sondern: »Dein Glaube hat dir geholfen.«

Zugegeben: Auch das kann man wiederum missverstehen. So als müsste man nur ganz fest glauben, und dann wird einem sofort geholfen. Das hieße ja, das Gläubige Gott zu etwas zwingen könnten. Das wäre Magie, das wäre Glauben mit himmlischer Dividende, ein ganz schlimmer Aberglaube sogar. Außerdem müssten sich dann alle, die nicht geheilt werden, den Vorwurf gefallen lassen, dass sie eben nicht richtig geglaubt haben.

»Dein Glaube hat dir geholfen«, damit ist eine ganz große Offenheit gemeint. Eine Offenheit gegenüber Gott. Ein ganz tiefes Vertrauen. Gottvertrauen! Alle Menschen wünschen sich Gesundheit an Leib und Seele. Sie kommen mit einer vagen Hoffnung und gehen mit Zuversicht wieder nach Hause. Darin besteht wohl die eigentliche Heilung. Sie kann Gesundheit bedeuten, aber auch Akzeptieren und Loslassen. Und manchmal einfach einen Wechsel der Perspektive. Man sieht das, was ist, mit neuen Augen.

Übrigens: Die Frau, die beim Handaufleger war, hat mich auf Anhieb verstanden. »Im Grunde haben Sie ja recht«, meinte sie. Und sie hat erfahren dürfen, dass sie für ihr Leben eine positive Haltung braucht, Vertrauen und Zuversicht. Das alles liegt bereits in ihr, sie muss es nur entdecken. Am Schluss habe ich ihr dann sogar noch einmal meine Hände aufgelegt: um sie zu segnen.

Gewissenserforschung

»Wenn du nicht mehr weiterweißt, gründe einen Arbeitskreis.« Es muss in Deutschland viele Menschen geben, die nicht mehr weiterwissen. Denn es gibt so unglaublich viele Arbeitskreise, Konferenzen, Kommissionen. Verwaltungen, die sich aufblähen. Gruppen, die sich nur noch deshalb treffen, weil es sie gibt, und nicht, weil sie eine konkrete Aufgabe hätten. Sie rangeln um Satzungen. Und vereinbaren viele weitere Sitzungen.

In solchen Kommissionen redet man oft auf der sogenannten Metaebene. Das bedeutet: Es wird an keiner Stelle konkret. Und die Menschen, die dort sitzen, kommen sich überaus wichtig vor. Schließlich haben sie es in das Zentrum geschafft, in den Elfenbeinturm der Macht. Das Thema ist eigentlich egal. Hauptsache, man gehört dazu. Das allein ist schon eine große Ehre. Wer in eine Kommission berufen wird, lässt dafür gerne alles andere stehen und liegen.

Behörden veranstalten mittlerweile einen richtigen Konferenzzirkus, darunter leiden besonders die Lehrerinnen und Lehrer. Bei den Kirchen gibt es besonders viele Kommissionen und Arbeitskreise. Keiner weiß so richtig, wie viele es eigentlich sind. Ratlosigkeit macht rastlos. Ein Heer von Theologen und Seelsorgern lässt für solche Meetings wirklich alles stehen und liegen. Da werden Umfragen ausgewertet, Pastoralpläne geschrieben, Zielvereinbarungen besprochen. Und vor allem wird viel Papier produziert – Papier, das übermorgen schon von gestern sein wird.

Mich tröstet, was der frühere Essener Bischof Hengsbach mal gesagt hat. Er nennt es »Gewissenserforschung«, wenn er sich am Abend selbst fragt: »Habe ich heute ohne wichtigen Grund eine Sitzung besucht? Habe ich ohne wichtigen Grund zu einer Sitzung eingeladen?« Besonders aber tröstet mich, dass Jesus ein Prophet war, ein Wanderprediger. Er hat in keiner Kommission gesessen, sondern das Reich Gottes verkündet. Er hat Menschen Mut zugesprochen, hat ihnen Kraft gegeben und sie sogar geheilt. Er hat keinen Arbeitskreis gegründet, sondern eine Kirche. Und der täte es manchmal gut, weniger arbeitskreisend zu sein, sondern mehr bei den Menschen.

Später Segen

Eiserne Hochzeit – dass es so etwas gibt! 65 Jahre miteinander verheiratet. Und dabei hatte es viele Höhen und Tiefen gegeben, manchen Streit auch. Aber sie hatten durchgehalten, hatten immer wieder zueinandergefunden, oft nach langen Schweigezeiten. Jetzt waren sie sehr alt geworden. Und hatten viele Gäste eingeladen.

Ihre Tochter aus Deutschland ist auch hingefahren, in die französische Heimat. Was die alten Eltern nicht geahnt hatten: Die Tochter hat zu Hause einen Gottesdienst vorbereitet. Und das, obwohl sie nicht besonders oft über Religion und Glaube gesprochen hatten. Aber jetzt, zur eisernen Hochzeit, da sollte es einen Gottesdienst geben. Als Danksagung.

Also – ein Gottesdienst im Kreis der Familie. Mit den alten Eltern in der Mitte. Bibellesen, Gebete, Lieder. Manche von den Gästen haben ganz schön gestaunt. Andere waren überrascht. Und das Jubelpaar war berührt und glücklich. Am Schluss haben alle ihre Hände ausgebreitet. Über die alten Eltern. Das ist schon ein bewegender Moment.

Ein Moment, den niemand erklären muss. Denn jeder weiß, was ein Segen ist. Segen ist, wenn einem etwas geschenkt wird, ganz umsonst, das aber dann das Leben verändert. Ein Segen ist umsonst, aber nicht vergeblich. Man wird selbst zum Segen für andere, wenn man gesegnet ist. Ich muss kein erfolgreicher Mensch sein, wenn ich ein gesegneter Mensch bin. Wenn Gott hinter mir steht, kommt Gutes aus mir heraus. »Gutes sagen« ist die wörtliche Übersetzung von »benedicere«, segnen.

Die Familie ist dann noch für einige Tage zusammengeblieben. Man hat erzählt, Erinnerungen wurden lebendig. Besonders ergreifend aber war der Abschied. Der alte Vater hat etwas gemacht, das er noch nie zuvor getan hat, die ganzen Jahre nicht. Er hat seinen Kindern die Hände aufgelegt und ein Segenswort gesprochen. Bis einer sich so etwas traut, muss mancher über 90 Jahre alt werden.

Jedenfalls sollten wir das viel öfters tun: segnen – Gutes verbreiten.

Es ist alles raus

Sie hat mir ihr ganzes Leben erzählt. Und dabei wollte ich nur einen kurzen Besuch machen. Doch sie fing ganz von vorne an: Bei der Vertreibung nach dem Krieg. Wie sich die Familie hat durchschlagen müssen. Und es hat Jahre gedauert, bis sie dann im Münsterland heimisch geworden war. In ihrem Erzählen ließ sie sich gar nicht aus der Ruhe bringen. Und ich habe einfach nur zugehört und gestaunt. Wie sie ihren Mann kennengelernt hat. Sie haben Kinder bekommen und für sie gesorgt. Und dann ist ihr Mann schwer krank geworden. Sie hat ihn jahrzehntelang gepflegt. Hat eben gemacht, was dran war: Am Ende musste sie ihn waschen und füttern wie ein kleines Kind. Er sollte in Würde sterben können, das war ihr wichtig.

Zwischendurch, ich rufe in meinem Büro an: »Ich kann hier jetzt nicht weg, alles andere muss eben warten.« Die alte Dame ist richtig froh, dass ich noch Zeit habe. Denn sie musste mir ja noch von ihrer schweren Krankheit erzählen. Monatelang im Krankenhaus. Und wer ihr geholfen hat, das alles durchzustehen. Jetzt musste das endlich alles aus ihr heraus. Und mit jedem Wort wirkte sie leichter. Beinahe glücklich. Jedenfalls kein bisschen bitter.

»Wie haben Sie das nur geschafft?«, so meine Frage. Aber ich merkte schnell: bloß nicht unterbrechen! Sie ließ sich auch gar nicht aufhalten, hätte es mir sowieso gesagt. Auch wenn ihr Glaube an Gott manchmal schwankte: Sie konnte immer beten. Manchmal hat sie sich durch ihre Krisen durchgebetet. Sie hat einfach nicht damit aufgehört: »Gott hat mir viel Dunkelheit zugemutet«, meinte sie. »Aber sein Licht ging niemals aus.«

Wir haben noch lange gesprochen. Am Ende sagte sie: »So, Herr Pfarrer, Sie können jetzt gehen. Es ist alles raus.« Ich habe noch mit ihr gebetet, sie gesegnet. Und bin dann still gegangen. Wir beide waren glücklich: Sie erleichtert und ich erfüllt. Ich glaube, ich habe einen Menschen kennengelernt, der wirklich weise ist. Mit einem Glauben, schlicht und selbstverständlich, mit beiden Beinen auf dem Boden. Irgendwie anders als das, was ich als Theologe manchmal nur so gelernt habe. Diese Frau ist mir an Lebenserfahrung weit voraus.

Ich finde es toll, wenn alte Menschen nicht nur das Vergangene betrauern, sondern Hoffnung haben. Und wenn junge Menschen etwas für die Alten übrig haben, für ihre Lebenserfahrung. Man kann die Humanität einer Gesellschaft am ehesten daran erkennen, wie sie mit den Kindern umgeht – und mit den Alten.

Wahrheit befreit

Ein Besuch im Hospiz. Ich treffe eine todkranke Frau. Sie wird bald sterben, deshalb ist sie jetzt in einem Hospiz zu Gast. Ich finde das richtig gut, dass es so etwas gibt. Im Hospiz sind keine Patienten, sondern Gäste. Jeder weiß, dass es nur noch darum gehen kann, Schmerzen zu lindern. Und die letzten Tage und Wochen so angenehm wie möglich zu machen. Also weiß hier jeder – offen und ehrlich – worum es an so einem Ort geht: Wir sind nur Gast auf Erden.

Aber: Das mit der Ehrlichkeit war bei meinem Besuch so eine Sache. Die Verwandten waren nämlich auch da. Aber keiner hat etwas gesagt. Es war kein Gespräch, sondern nur Gerede. Man sprach über dies und das, Small-Talk wie immer, so, als wenn nichts wäre. Keiner konnte aussprechen, was wirklich wichtig war: Dass die Frau nämlich bald sterben wird. Sie selbst wusste es ganz genau und die Verwandten wussten es auch.

Ich bin deshalb noch einmal hingegangen. Da konnte ich in Ruhe alles ansprechen. Und die Frau konnte alles aussprechen. Das hat ihr richtig gutgetan. Und mir auch. Ich finde es immer besser, wenn man die Dinge direkt anspricht. Sicherlich braucht man dafür ein ganz großes Einfühlungsvermögen. Mit dem Holzhammer geht es jedenfalls nicht. Aber drumherum reden nützt keinem was.

Vielleicht sind viele überfordert, wenn es so richtig konkret wird. Persönlich und emotional. Wenn man Worte sucht und keine findet. Wenn man, weil man ja nicht einfach schweigen will, irgendeinen Blödsinn erzählt. Ich habe mir vorgenommen, sensibel zu bleiben und direkter zu werden. Und wenn ich dafür keine Worte finde, dann sage ich das einfach, dann gebe ich es zu. Ehrlich währt am längsten. Und Wahrheit befreit.

Unterwegs nach Emmaus

Sitzungen kann ich nicht ausstehen. Aber leider gibt es ziemlich viele davon. Auch in meinem Beruf als Pfarrer. Manche davon sind ganz sicher nötig. In meinem Fall sind das Dienstbesprechungen, Kirchenvorstand, Pfarreirat. Das muss sein, dafür bin ich dankbar. Aber die ganzen Gremien darüber hinaus, die mag ich gar nicht. Das ist fast alles Metaebene: Kommissionen, die sich nur deshalb treffen, weil es sie gibt, und nicht, weil sie irgendeine Aufgabe hätten.

Dafür mag ich seelsorgliche Gespräche umso mehr. Wenn es um den geistlichen Weg eines Menschen geht, also um seinen Glauben, seine Zweifel, sein Suchen und Fragen. Oder wenn einer Probleme hat und einfach mal jemanden braucht, bei dem er sich aussprechen kann. Weil ich aber keine Sitzungen mag, führe ich seelsorgliche Gespräche gerne im Gehen.

Denn im Gehen schaut man in dieselbe Richtung. Man spürt, dass es buchstäblich weitergeht. Keiner kreist um sich selbst. Das Gehen befreit. Außerdem ist man dabei ja nicht allein. Gehen ist das Gegenteil von sitzen. Man könnte deshalb auch von Gehungen sprechen: Regen mich Sitzungen eher auf, so regen mich Gehungen eher an. Ich fühle mich dann jedes Mal beschenkt. Durch das Vertrauen, aber auch durch den gemeinsamen Gang und die frische Luft.

Bei einer solchen Gehung haben auch zwei Jesus-Jünger erfahren, dass er lebt. Damals, vor zweitausend Jahren. Eigentlich wollten die beiden Jünger weg von Jerusalem, bloß weg vom Ort der Kreuzigung, alles hinter sich lassen. Während sie aber nach Emmaus gehen und ihre Trauer miteinander teilen, spüren sie, dass sie nicht allein sind. Jesus geht mit, hört ihnen zu, bleibt sogar mit ihnen stehen. Und erklärt ihnen, warum alles so kommen musste. Als er dann Brot und Wein mit ihnen teilt, erkennen sie: Jesus lebt!

Die beiden Jünger mussten dafür übrigens gar nicht viel tun. Was haben sie gemacht, um Jesus erfahren zu können? Sie sind miteinander auf dem Weg und im Gespräch geblieben. Mehr nicht. Sie hatten keine Lösungen, sie haben nur ihre Trauer geteilt. Das genügt schon, um zu spüren, dass man nicht allein ist.

Die Geschichte geht mir sehr nah, schon seit vielen Jahren. Sie steht im Neuen Testament, Lukasevangelium, Kapitel 24. Unbedingt lesen! Oder besuchen Sie eine Kirche, feiern Sie einen Gottesdienst mit. Machen Sie sich doch einfach auf den Weg, machen Sie eine Gehung, dann sitzen Sie nicht nur herum. Und sind heute nicht allein.

Erwachsen werden

»Und ich soll die Taufpatin werden«, sagte mir die junge Frau. Sie war mit ihrer Schwester, ihrem Schwager und deren erstem Kind zum Taufgespräch gekommen. »Es gibt aber ein Problem«, fuhr sie fort. »Ich bin aus der Kirche ausgetreten.«

»Dann können Sie leider nicht Taufpatin werden«, warf ich ein. »Taufpatin sein, das ist ein geistliches Amt. Da geht es um Begleitung im Glauben, um Glaubwürdigkeit.«

»Das ist ja mal wieder typisch Kirche, eng und autoritär«, bekam ich dann zu hören.

Mit so etwas hatte ich gerechnet, solche Worte fallen dann nämlich häufig. Wenn den Leuten die Argumente ausgehen, fallen sie in Klischees. Also habe ich dasselbe Niveau gewählt. Und geantwortet: »Wer nicht im Verein ist, darf nicht mitspielen. So einfach ist das.«

»O. k., das verstehe ich«, lenkte die etwas geknickte Wunschtaufpatin ein. »Aber können Sie bei mir nicht eine Ausnahme machen? Ich habe da nämlich noch ein anderes Problem. Mein Vater ist sehr gläubig, er darf nicht erfahren, dass ich aus der Kirche ausgetreten bin. Er wäre dann sehr enttäuscht von mir.«

Das war für mich eine Steilvorlage. »Es tut mir leid. Sie können nicht Taufpatin werden. Und zwar nicht deshalb, weil Sie aus der Kirche ausgetreten sind. Sondern allein deshalb, weil Sie nicht erwachsen sind. Wenn Sie Ihrem Vater nicht die Wahrheit sagen können, sind Sie noch nicht erwachsen. Wir können aber nur Erwachsene als Taufpaten zulassen.«

Ich kenne diese Frau nicht weiter – das gebe ich zu –, aber es ging mir hier um eine Provokation. Immerhin hatte ich da einen Nerv getroffen: Die nun Nichtmehrtaufpatin schaute nachdenklich. Das Taufgespräch war aber ansonsten gut, wir haben einander verstanden, weil wir freundlich, aber ehrlich miteinander umgegangen sind. Bei der Taufe war dann eine andere Patin anwesend. Die junge Frau kam erst gar nicht, sie hatte ihrem Vater weisgemacht, sie sei krank. Sie konnte ihm also immer noch nicht die Wahrheit sagen und setzte noch eine Lüge obendrauf. Seltsam, finde ich, dass so viele im Kinderglauben stecken bleiben. Und dabei ist das Christentum doch erst für Erwachsene so richtig interessant!

Religion von innen

»Ich bin Agnostiker«, sagte der junge Mann, »aber ich bin an Religionen interessiert.« Und er wollte mit mir darüber sprechen. Tatsächlich war er voller Fragen. So ging es zunächst um das Thema Naturwissenschaft und Religion. »Die Naturwissenschaften haben doch fast alles erklärt, dafür braucht man keine Religionen mehr«, meinte er.

»Das sehe ich anders«, warf ich ein. »Die Naturwissenschaften fragen nach dem Wie der Dinge, die Theologie fragt nach dem Warum. Das sind verschiedene Herangehensweisen.«

Tatsächlich, beide Disziplinen stehen einander nicht im Weg, sie schließen sich nicht gegenseitig aus. Und ich musste an den Physikprofessor denken, der jeden Tag in meiner Gemeinde zum Gottesdienst kommt. Es gibt also auch fromme Naturwissenschaftler.

Der junge Mann hatte sich über viele Religionen informiert. Er wusste ein bisschen von allem. »Ich schaue mir die Religionen von außen an«, meinte er. »Aber mich für eine Religion entscheiden, das kann ich nicht.«

Das konnte ich gut nachvollziehen. Religion und Glaube von außen verstehen, das geht nicht. Wenn ich nur das hätte, wäre ich auch Agnostiker. Von innen erleben aber, das ist etwas ganz anderes. Man kann Gott nicht beweisen, das ist klar. Man kann aber auch nicht beweisen, dass es ihn nicht gibt. Also ist Glauben eine Sache der Entscheidung. Man muss Vertrauen haben, man muss sich selbst loslassen und darauf hoffen, dass man aufgefangen wird.

Am Schluss unseres Gesprächs habe ich den jungen Mann gefragt: »Was würde wohl Ihre Frau denken, wenn Sie ihr sagen, dass Sie sie lediglich interessant finden?« Mit der Antwort hatte ich gerechnet: »Sie würde mich fragen, ob das schon alles sei. Sie würde mich fragen, ob ich sie noch liebe.« Genau, das war es! Glauben hat viel mit Liebe zu tun. Da muss ich auch mein ganzes Vertrauen riskieren, mich selbst wagen. Da geht es nicht nur um Argumente und nicht um bloßes Interesse. Da geht es um mich selbst, ganz und gar. Existenziell eben. Man kann sich Gott nicht herbeidenken, dann bliebe er ein Gegenstand des Denkens, ein Begriff. Wären Religionen vergleichbar, dann wäre am Ende alles Hokuspokus. Wer sich von Gott geliebt weiß, braucht keine Beweise mehr. Es gibt keine Gottesbeweise, wie es keine Liebesbeweise gibt. Aber es gibt Menschen, die lieben. Und es gibt Menschen, die glauben. Beides kann sehr ansteckend sein!

Kleines Kreuz

Sie war immer selbstbewusst, in sich ruhend, gelassen. Eine erfolgreiche Frau. Aber jetzt – jetzt hatte sie Angst. Vor der Operation. Die sollte Klarheit schaffen über ihren Krebs. Wie standen die Chancen? Hatte der Krebs schon gestreut? Angst hatte sie – vor der Operation, vor einer weiteren Diagnose.

In dieser Situation hatte sie sich an eine alte Tradition erinnert: die Krankensalbung. Das ist eines von den sieben Sakramenten der katholischen Kirche. Zeichen, in denen Gott seine Nähe schenkt. Die Salbung zeigt an: Der Mensch hat Würde, egal, was passiert. Gott kennt und liebt jeden Einzelnen. Die Krankensalbung ist ein Gebet um Heilung. Aber was Heilung konkret bedeutet, das kann sehr verschieden sein: Gesundheit, Akzeptieren, Loslassen, wie auch immer.

Also haben wir uns getroffen, in der Kirche. Zwei Tage vor der Operation. Haben miteinander gesprochen. So vertrauensvoll, als würden wir uns schon lange kennen. Wir haben gebetet, in der Bibel gelesen. Ich habe ihr die Stirn und die Hände gesalbt, alles sollte von Gott gesegnet sein: Denken und Tun. Zum Abschied habe ich ihr dann ein kleines Kreuz geschenkt. Wir sprachen noch von der Zuversicht. Nicht selbst alle Kraft haben, sondern sich von einem Ziel leiten lassen, das hieß für sie und für mich: zuversichtlich sein.

Das kleine Kreuz hat sie nicht mehr aus den Händen gelegt, hatte es sogar in den OP mitgenommen. Die Operation war eigentlich ganz gut verlaufen. Aber dann ist sie einige Wochen später doch an deren Folgen gestorben. Tragisch! Hatte die Krankensalbung also nicht geholfen? Ging es da nicht um Heilung? Mein Eindruck war, für diese Frau war nach unserem Gespräch und diesem Ritual ihre Haltung zu der Krankheit klarer. Denn sie konnte mit ihrer Angst anders umgehen. Und sprach immer wieder von Zuversicht. Dafür steht auch das Kreuz, das sie seitdem bei sich trug. Aber es steht für eine Zuversicht, die über den Tod hinausgeht.

Ihre Verwandten haben das kleine Kreuz sogar ihrer Asche beigegeben. Es liegt also jetzt in der Urne, inmitten der Asche, tief in der Erde. Mich hat das alles sehr berührt. Wer hält mich fest, wenn ich mein Leben nicht mehr im Griff habe? Wie gehe ich mit meiner eigenen Lebens- und Sterbensangst um? Was bleibt auch dann noch gültig, wenn von mir nicht mehr übrig ist als ein Häufchen Asche?

Ob es Gott ist, der bleibt? Und ich in ihm? Darauf möchte ich vertrauen. Das soll meine Zuversicht sein.

Kumpanen oder Eigenbrötler

Glauben und Leben gehören zusammen, sie bedingen einander. Der Glaube hilft mir, das Leben zu meistern. Und das Leben zeigt mir, wie wertvoll der Glaube ist, wie hilfreich und schön.

Die große Kumpanei

Wenn Sie immer schon gedacht haben: Kirche, das sei vor allem Kumpanei – dann haben Sie recht. Kumpanei und Kumpane sein – klingt ja erst mal fadenscheinig. Doch das Wort hat einen anderen Sinn, es kommt von lateinisch »cum« und »pane«. »Cum« heißt »mit« und »pane« heißt »Brot«. Kumpanen sind die, die miteinander ihr Brot essen, die Gemeinschaft haben am selben Brot. Christen sind Kumpanen, weil sie mit Jesus eine Brot-Gemeinschaft haben.

Christen sind also nicht der Verein der frommen Gewohnheit und auch nicht der Verbund der treuen Kirchensteuerzahler, sondern sie haben gemeinsam Anteil am Brot Jesu Christi. Und das geschieht immer dann, wenn sie zusammen Eucharistie feiern – Abendmahl. Die Eucharistie ist die Feier der Hingabe Jesu in Tod und Auferstehung. Sie ist der Mittelpunkt!

Das genaue Gegenteil von den Kumpanen sind die Eigenbrötler. Wer sein Brot alleine isst, wer keine Tischgemeinschaft sucht, wer sein Brot nicht teilen mag, der ist Eigenbrötler. Wer sich absondert und eigenartig wird, wer sein Leben nicht teilen, sich nicht mitteilen mag, der ist Eigenbrötler. Tatsächlich: Viele sagen: »Das mit meinem Glauben, das geht die Kirche nichts an. Da habe ich meine eigene Meinung.« Wer so glaubt, ohne Gemeinschaft, der wird zum Eigenbrötler. Und meint am Ende, er kriegt seinen Glauben ganz allein gebacken.

Christen sind keine Eigenbrötler, sondern Kumpanen, weil sie alle von Jesus Christus leben, von seinem Abendmahl, von seinem Brot. Kirche ist eine Jesus-Kampagne: Jeder soll unsere Kumpanei sehen können. Jeder ist eingeladen, unser Kumpane zu werden, das Brot mit uns zu teilen. Jeder ist eingeladen, aus der Engstirnigkeit des Eigenbrötlers auszubrechen und in die Mahlgemeinschaft mit Jesus aufzubrechen.

Sonntags beginnt die Woche

Am Montag fängt die neue Woche an. Jedenfalls in meinem Kalender. Und vom Gefühl her auch. Montag ist Wochenbeginn. Am Wochenende konnte ich etwas durchatmen. Doch jetzt geht es wieder los mit dem Alltag, mit der Hektik auch.

Und dabei weiß ich, dass es für mich als Christ eigentlich ganz anders ist. Die Woche fängt nämlich am Sonntag an. Der Sonntag ist der erste Tag der Woche. Das steht in der Bibel: Am Sabbat, also am Samstag, ruhte Gott, nachdem er die Welt erschaffen hat. Der Sabbat ist sogar sein bestes Werk, denn die Krönung der Schöpfung ist, wenn Menschen ausruhen können. Der Samstag ist also der siebte Tag, mit ihm geht die Woche zu Ende. Und der Sonntag ist der erste Tag, weil Jesus am ersten Tag der Woche auferstanden ist. So wurde der erste Tag zum freien Tag, zum Feiertag: Weil an ihm Christen die Auferstehung Christi feiern, sozusagen das wöchentliche Osterfest.

Aber weil mein Kalender mich ehrlich gesagt ziemlich im Griff hat, vergesse ich das manchmal. Dann fängt die Woche auch für mich am Montag an und die zweieinhalb Tage vorher sind das Wochenende. Man sieht es deutlich: Montag bis Freitag hat der Kalender viel Platz zum Schreiben, für Samstag und Sonntag ist weniger vorgesehen. Wenn ich mir das bewusst mache, fällt mir auf, wie sehr meine Arbeit auch mich im Griff hat. So sehr, dass der Kalender vom Ende und vom Anfang der Woche schon ganz durcheinandergeraten ist. Es ist auch für mich nicht immer deutlich, wo der Anfang und wo das Ende der Woche ist.

Der siebte Tag, der Samstag, macht mir bewusst, dass Gott alles vollendet. Innere und ewige Ruhe finde ich nur in ihm. Der Sonntag macht mir bewusst, dass mit Gott alles beginnt. Und dass ich so frei sein darf, meine Woche nicht mit Arbeit beginnen zu müssen. Das macht mich ganz ruhig und gelassen: Ich bin Mensch, nicht Arbeitstier. Meine Zeit steht in Gottes Händen. Weil er am Ende alles vollendet, darf ich getrost Anfänger bleiben.

Entscheiden heißt loslassen

Warum tun sich viele mit Entscheidungen so schwer? Bei den meisten Menschen liegt es daran: Entscheiden heißt scheiden. Ja! Wenn man sich für eine Sache entscheidet, dann scheiden die anderen aus. Man hat aber Angst, loszulassen. Wenn man nämlich eine Entscheidung trifft, muss man alle anderen Möglichkeiten loslassen. Man muss sich von ihnen verabschieden.

Der Abschied von den Möglichkeiten, die wir nicht ergreifen können, tut weh. Das ist wie bei der Trauer.

Wählen bedeutet, auf das Nichtgewählte zu verzichten. Das Problem ist also nicht das Wählen, sondern das Verzichten. Die berühmte Qual der Wahl ist eigentlich die Qual des Verzichts.

Auch Glauben ist vor allem eine Sache der Entscheidung. Will ich glauben oder nicht? Das ist hier die Frage! Christen, die entschieden leben, sind häufig sehr mutig. Sie ecken nämlich an. Ich meine: Wer an Gott glaubt, muss keine Angst vor dem Loslassen haben. Wer an die Ewigkeit glaubt, weiß ja, dass sein Leben letzten Endes geborgen ist. Das kann ihm keiner mehr nehmen. Deshalb fällt es ihm leichter, Entscheidungen zu treffen. Er hat einfach mehr Gelassenheit. Und Vertrauen. Das Leben fühlt sich leichter an.

Vielleicht fallen mir als Pfarrer deshalb berufliche Entscheidungen nicht so schwer. Weil ich mir da einfach sicherer bin. Irgendwie habe ich das Gefühl, dass Gott mir beisteht. An den persönlichen Entscheidungen muss ich wohl noch arbeiten. Da fehlt mir vielleicht noch das Vertrauen: Auch mein Alltag ist für Gott wichtig.

Ich kann Entscheidungen treffen, weil Gott sich schon längst für mich entschieden hat. Weil er mich festhält, kann ich loslassen.

Geld stinkt nicht immer

»Geld stinkt nicht«, sagt der römische Kaiser Vespasian. Dennoch tue ich mich schwer damit. Wenn ich aus meinem Portemonnaie das Kleingeld herausgekramt habe, dann wasche ich mir lieber die Hände, bevor es etwas zu essen gibt. Es mag sein, dass Geld nicht stinkt, aber so richtig sauber ist es eben auch nicht. Wenn der Rubel rollt und der Euro kriselt, wenn die Dollarzeichen in den Augen stehen, dann habe ich doch ein flaues Gefühl. Was klebt eigentlich am Geld, dass es irgendwie doch – stinkt?

Geld ist ja bloß ein Tauschmittel. Es hat in sich überhaupt keinen Wert, sondern nur in Relation zu Arbeit und Besitz. Es steht und fließt stellvertretend für die Volkswirtschaft, also für Eigentum, Dienstleistung und Produktion. Es ist ein Symbol, ein Sinnbild. Gab es früher einmal den Tauschhandel zwischen Ware und Ware, so ist das Geld als kulturelle Zwischeninstanz dazugekommen. Das Geld ist nur eine Zahl, es ist der digitalisierte Tauschhandel. Deshalb hat Kaiser Vespasian recht, wenn er sagt, dass Geld nicht stinkt. Es ist gar nicht schlecht, es ist eine Kulturleistung, die vieles einfacher macht, es ist nicht unmoralisch und nicht kriminell. Es kommt eben darauf an, woher man es hat, was man damit macht und wem man es gibt – oder eben vorenthält. Wenn Geld jedoch zum einzigen Lebensinhalt wird, wenn es ungerechte Strukturen begünstigt und Menschen arm macht – dann stinkt das Geld zum Himmel!

Denn das Geld ist ja heute gar kein Tauschmittel mehr. Vielmehr ist es zur alles bestimmenden Wirklichkeit geworden. Ich habe den Eindruck: Der freie Markt ist moralisch bald am Ende. In der Spannung von Ethik und Monetik, von Moral und Markt zählt scheinbar nur noch, was sich rechnet, und nicht mehr, was sich lohnt.

Wir leben davon, dass wir so leben, wie wir nicht leben sollten. Und die Werbung suggeriert, dass wir immer mehr Dinge kaufen sollen, die wir gar nicht brauchen. Und zwar von Geld, das wir im Grunde genommen gar nicht haben. Um dann damit Leuten zu imponieren, die uns eigentlich egal sind.

Immer wieder warnt Jesus vor einem Besitz, der besessen macht: »Ihr könnt nicht Gott dienen und dem Mammon!« (Mt 6,24). Er warnt vor dem Geld, weil es geizig macht: »Leichter geht ein Kamel durch ein Nadelöhr, als dass ein Reicher in das Reich Gottes gelangt« (Mt 19,24). Deshalb: »Sammelt euch Schätze im Himmel« (Mt 6,20).

Die alles bestimmende Wirklichkeit ist für mich Gott – und nicht das Kapital. Wo das Geld zur letzten Instanz wird, da ist es Götzendienst. Wo es eben nur ein Tauschmittel bleibt, das dem Menschen dient, muss ich vor dem Geld keine Angst haben. Das Christentum ist ja auch eine Gegenbewegung zum Kapitalismus: Weil es Gottes Gnade ganz umsonst gibt, geschenkt, ohne Vorbedingung und ohne Leistung. Die »Fülle des Lebens« (vgl. Joh 10,10), von der Jesus spricht, gilt allen. Für sie kann man nicht arbeiten, für sie gibt es auch kein Tauschmittel. Man kann sie nicht stunden lassen und bekommt dafür auch keine Zinsen. Sie hat aber eine Konsequenz, eine Antwort, und das ist die Liebe. Sie allein hat Ewigkeitswert – anders als unsere Moneten.

Ich steh genau hier

»Ich steh da hinten!« So antworten Menschen, wenn sie nach dem Standort ihres Autos gefragt werden. Also nach dem Parkplatz. Die Frage lautet meistens: »Wo stehst du?« und das meint ungefähr dasselbe wie: »Wo hast du dein Auto geparkt?« Wenn ich nach dem Parkplatz gefragt werde, dann sage ich das bewusst nicht. Wenn es heißt »Wo stehst du?«, dann sage ich ganz ruhig: »Ich stehe hier. Aber mein Auto steht da hinten auf dem Parkplatz, dritte Reihe, ganz außen.«

Mein Gegenüber ist dann meistens etwas verblüfft. Ist doch klar, dass mit der Frage nicht ich, sondern das Auto gemeint war.

»Wo stehst du?«

»Ich steh da hinten!«

Ich finde das aber jedes Mal sehr interessant. Da wird ein Mensch voll und ganz mit seinem Auto identifiziert. Es ist also möglich, dass eine Person mit einer Sache gleichgesetzt wird. Also ganz real: Person und Sache. Ein Ding wird persönlich, eine Person wird verdinglicht. Jedenfalls von der Sprache her, in unserer Umgangssprache.

Deshalb vergleiche ich die Parkplatzsuche gerne mit den Sakramenten der Kirche, so seltsam, wie das auch klingen mag. Da werden ja auch Dinge mit einer Person identifiziert. Ganz alltägliche Dinge stehen mit einem Mal für eine Person. Nämlich für Jesus Christus. In der Messe zum Beispiel, der Eucharistie, dem Abendmahl: Brot und Wein stehen ganz real für Jesus Christus. Nicht bloß ein Zeichen für ihn, sondern ganz wirklich. Brot und Wein sind Jesus, Jesus ist Brot und Wein.

Ein bisschen macht mich der Vergleich mit dem Parkplatz sogar traurig. Eigentlich ist es doch schade, dass wir Westeuropäer schon so sehr mit unseren fahrbaren Untersätzen in Verbindung gebracht werden, dass man uns damit quasi sakramental identifiziert. Ich bin ja auch ohne mein Auto eine vollständige Persönlichkeit. Es gibt zwar Menschen, die sind ohne ihr Auto ein Nichts. Zumindest, wenn es sich um ein Statussymbol handelt und sie damit ihr Selbstbewusstsein aufpäppeln müssen oder damit angeben wollen. Nein, ich möchte gar nicht mit meinem Toyota Auris Hybrid identifiziert werden. Deshalb wehre ich mich ja auch gegen die Frage »Wo stehst du?«, wenn sie bloß mein Auto meint, aber nicht mich.

Andererseits: Wenn ich sagen kann, wo ich stehe – also wirklich ich, nicht mein Auto, das wäre etwas. Das wäre ein großer Fortschritt. Worauf stehe ich, wofür stehe ich ein, was macht mein Leben stabil, was ist mein Fundament?

Wenn Sie also demnächst nach Ihrem Auto gefragt werden, dann antworten Sie doch einfach mit ihrem Lebenssinn. Das verblüfft und bringt andere zum Nachdenken: Sie kommen mit Ihrem Kollegen von der Arbeit und der will wissen, wo Sie Ihr Auto geparkt haben. Er fragt: »Wo stehst du?« Und Sie antworten: »Ich stehe hier, an dieser Stelle, direkt neben dir. Ich stehe dafür ein, dass es Frieden gibt und Gerechtigkeit. Und wenn du es ganz persönlich wissen willst: Ich stehe auf Jesus. Übrigens, mein Auto ist da hinten, ich nehme dich gerne mit nach Hause. Und erzähle dir noch mehr von mir. Wo und worauf ich stehe.«

Lebensdurst

»Die Jugend von heute ist von Grund auf verdorben, sie ist böse, gottlos und faul ... und es wird ihr niemals gelingen, unsere Kultur zu erhalten.« Der Spruch stammt nicht vom Stammtisch, sondern aus Mesopotamien. Übrigens ist er ein paar tausend Jahre alt. Ähnliche Befürchtungen hatten auch Sokrates und viele andere Philosophen. Und trotzdem: Es hat immer noch geklappt mit der Jugend von heute, wenn sie morgen Verantwortung übernimmt. Finden Sie nicht?

Deshalb sehe ich die Jugend positiv. Als Jugendseelsorger habe ich einige Jahre lang andere Erfahrungen gemacht. Ich sehe da weder schwarz noch rot, sondern sozialpädagogisch – und christlich! Es kommt drauf an, was man macht, bevor etwas im Leben junger Menschen schiefläuft.

Woher kommen denn die Probleme mit der Jugend? Ganz bestimmt ist es heute ein Risiko, jung zu sein. Manche Jugendlichen müssen doch denken: »Wenn du sowieso keine Chance hast, wozu dann noch etwas lernen? Wozu sich überhaupt anstrengen?« So kommen junge Menschen doch erst auf krumme Gedanken. Sie machen nach, was die Gesellschaft ihnen vormacht. Sie nehmen die Rolle an, die ihnen zugewiesen wird.

Ich meine, es geht um ganz andere Fragen. Bei meinen Seminaren mit Jugendlichen habe ich gemerkt: Wer sie wirklich ernst nimmt, kommt ganz gut mit ihnen klar. Nicht nur mit den Braven, den gut Sozialisierten, den Angepassten, sondern auch mit den Schwierigen. Klar, in der Clique sind sie manchmal unausstehlich. Aber einzeln, da komme ich an ganz tiefe Fragen heran.

Zum Beispiel an solche: »Wonach sehnst du dich? Was gehört für dich zu einem glücklichen Leben? Kannst du mir sagen, ob du an Gott glaubst?« Da habe ich Antworten bekommen, über die ich immer noch staune. Lebensdurstige, ehrliche Menschen. Nicht immer so, wie ich mir das vorstelle. Die haben ihre eigenen Ansichten. Aber mit einer ganz großen Sehnsucht nach Erfüllung, nach Sinn. Auch nach Verbindlichkeit und Treue.

Gott selbst jedenfalls traut den jungen Menschen eine ganze Menge zu. Als er Jeremia zum Propheten machen will, sagt er: »Sage nicht: Ich bin noch zu jung. Wohin ich dich auch sende, dahin sollst du gehen, und was ich dir auftrage, das sollst du verkünden« (Jer 1,7). Wer anderen etwas zutraut, macht ihnen Mut fürs Leben.

Nächster sein

»Wer ist mein Nächster?« – Die meisten meinen: »Alle Menschen sind meine Nächsten, sie brauchen mich alle.« Ich möchte da widersprechen: Wenn alle meine Nächsten sind, wo soll ich dann bloß anfangen? Für wen bin ich zuständig und um wen sollen sich die anderen kümmern? Wenn alle meine Nächsten sind: Ist das nicht ein bisschen viel? Komme ich damit nicht ganz schnell an meine Grenzen?

»Wer ist mein Nächster?« – Das fragt ein Gesetzeslehrer auch Jesus. Jesus gibt die Antwort nicht direkt, er erzählt die Geschichte vom barmherzigen Samariter (Lk 10,25–37): Irgendwo zwischen Jericho und Jerusalem wird ein Mann überfallen und liegt am Boden. Ein Priester und ein Levit kommen an die Stelle, sehen den Überfallenen – und gehen vorbei. Ausgerechnet ein Samariter – ein Fremder – sieht ihn und hilft. So bekannt die Geschichte auch ist, der Sinn bleibt vielen verborgen.

»Wer ist mein Nächster?«, fragt der Gesetzeslehrer. Und Jesus fragt zurück: »Wer von diesen dreien – Priester, Levit, Samariter – hat sich als der Nächste dessen erwiesen, der unter die Räuber gefallen ist?« Das ist eine ganz andere, ja, eine geradezu verblüffende Perspektive. Nicht der, der Hilfe braucht, ist der Nächste, sondern der, der Hilfe gibt. Der Samariter macht sich selbst zum Nächsten, indem er hilft und heilt. Es geht nicht darum, zu fragen, wer der Nächste ist, sondern darum, ein Nächster zu werden!

Wenn ich helfe, werde ich dem, der Hilfe braucht, zum Nächsten. Ich verändere mich, wenn ich die Menschen wirklich liebe, wenn ich mich solidarisch erkläre. Überall, wo ich gebraucht werde, habe ich die Chance, zum Nächsten zu werden. Nicht lange überlegen, sondern einfach damit anfangen, das wäre was. Das wäre im Sinne Jesu.

Auf dem Weg bleiben

Gott sei Dank, ich bin noch nicht fertig. Immer wieder gibt es etwas zu erfahren. Ständig gibt es etwas Neues. In diesen Tagen stehe ich vor großen Veränderungen. Ich ziehe vom Land in die Stadt: Eine neue Aufgabe wartet auf mich. Neuer Wohnort. Und beim Kistenpacken habe ich oft über Veränderungen nachgedacht, auch in meinem Leben und, ja, auch in meinem Wesen.

Als Schüler und Student war ich noch sehr zurückhaltend. Der Mut zu einer eigenen Meinung kam erst später. Als Kaplan, also als junger Priester, habe ich gemerkt, wie lebendig es in der Gemeinde zugeht und welche tiefen Gespräche gerade mit denen möglich sind, die ansonsten kaum in die Kirche kommen. Erst als Pfarrer habe ich dann auch mal ein offenes Wort zu brisanten Themen gewagt. Seit einigen Jahren trägt mich eine tiefe Sehnsucht nach Spiritualität, nach persönlicher Gotteserfahrung und nach Stille.

Entwicklungen. Neuanfänge. Immer wieder! Es geht immer weiter, es bleibt spannend. Veränderungen, Entwicklungen – darauf war ich immer neugierig, habe mich darauf gerne eingelassen. Berufliche Veränderungen machen kompetent. Geistige und geistliche Erfahrungen lassen reifen.

Es gibt ja auch Menschen, die sind allzu schnell zufrieden. Kein bisschen neugierig. Nehmen alles so hin, wie es eben ist. Bloß nichts Neues! Sie wünschen sich nichts und sie wollen nichts verändern. Sie denken: Man kann ja doch nichts machen. Und deswegen machen sie auch nichts.

Aber es gibt Menschen, die wissen: In allem ist etwas zu wenig. Es muss doch mehr drinstecken zwischen Wecker und Tagesthemen. In diesen Menschen lebt eine Sehnsucht: die Sehnsucht nach mehr. Diese Sehnsucht treibt an, sie ist der Motor des Lebens. Ich denke: Letzten Endes ist es die Sehnsucht nach Gott. Sie ist in jedem Menschen lebendig, auch in denen, die gar nicht viel darüber nachdenken.

Ich wünsche Ihnen diese Sehnsucht nach mehr. Seien Sie nicht so schnell mit allem zufrieden! Halten Sie ruhig die Augen auf, was da auf Sie zukommt! Sich nicht bloß arrangieren, sondern sich engagieren – darauf kommt es an.

Baumkrone

Wenn ich an den Frieden denke, dann habe ich große Sorgen. Denn ich sehe überall, dass der Friede bedroht ist. Und dass die guten Gegenkräfte schwächer werden. Wenn zum Beispiel Religion mit Terrorismus gleichgesetzt wird, dann verlieren alle Religionen an Glaubwürdigkeit, Vertrauen und Attraktivität. Auch das Christentum.

Warum gewinnen eigentlich so oft die Falschen, gerade in Krisenzeiten? Warum kommen in vielen Ländern faktisch Diktatoren an die Macht? – Ein selten gelesenes Stück Bibel ist die Jotamfabel aus dem Buch der Richter. Nach dem jüdischen Religionsphilosophen Martin Buber ist sie »die stärkste antimonarchische Dichtung der Weltliteratur«. Lesen Sie mal ganz genau:

»Einst gingen die Bäume hin, um sich einen König zu salben, und sie sagten zum Ölbaum: Sei du unser König! Der Ölbaum sagte zu ihnen: Habe ich etwa schon mein Fett aufgegeben, das Götter und Menschen an mir ehren, und werde hingehen, um über den Bäumen zu schwanken? Da sagten die Bäume zum Feigenbaum: Geh du hin, sei unser König! Der Feigenbaum sagte zu ihnen: Habe ich etwa schon meine Süßigkeit und meine guten Früchte aufgegeben und werde hingehen, um über den Bäumen zu schwanken? Da sagten die Bäume zum Weinstock: Geh du hin, sei unser König! Der Weinstock sagte zu ihnen: Habe ich etwa schon meinen Most aufgegeben, der Götter und Menschen erfreut, und werde hingehen, um über den Bäumen zu schwanken? Da sagten alle Bäume zum Dornenstrauch: Geh du hin, sei unser König! Der Dornenstrauch sagte zu den Bäumen: Wenn ihr mich wirklich zu eurem König salben wollt, kommt, bergt euch in meinem Schatten! Wenn aber nicht, dann soll vom Dornenstrauch Feuer ausgehen und die Zedern des Libanon fressen« (Ri 9,8–15).

Im Alten Orient wurde ein guter König mit einem Fruchtbaum verglichen. Denn wie ein Fruchtbaum, so soll der König Früchte und Schatten spenden, also Leben und Sicherheit. Doch der Ölbaum, der Feigenbaum und der Weinstock wollen nicht König sein. Sie wollen nicht »über den anderen schwanken«. Am Ende wird der Dornenstrauch zum König gemacht, ausgerechnet er, der weder Früchte hat noch Schatten spenden kann. Ein Nichtsnutz kommt ganz nach oben und verbreitet Schrecken und Gewalt.

Die guten Bäume wollen »nicht über den anderen schwanken«, sie wissen also, dass Politik ein schweres und fruchtloses Geschäft sein kann, voller Kompromisse, langwierig und mühsam. Sie wollen ihr Fett, ihre Süßigkeit und ihren Wein nicht aufgeben. So bleibt nur der Dornstrauch übrig. Und der versteht von Politik überhaupt nichts!

Wie heute: Weil so viele ein ruhiges Leben vorziehen, weil noch mehr lieber ihren Mund halten, kommen oft die Falschen an die Macht.

Wer sich heraushält, wer die Welt sich selbst überlässt, riskiert seine Freiheit. Die Einstellung »Man kann ja doch nichts machen« ist gefährlich. Ich möchte mich für Frieden und Freiheit einsetzen, da, wo ich lebe.

Drei Kirchenschiffe

Wohin steuert das Kirchenschiff? Diese Frage beschäftigt mich schon lange. Wohin also steuert das Kirchenschiff? Es gibt in der Geschichte der Menschen drei berühmte Schiffe: die Arche, die Titanic und die Santa Maria. In der Arche sammelt man den heiligen Rest. Sind alle drin, macht man die Türen zu und wartet, bis die Sintflut vorüber ist. Heute wäre das etwa die Sintflut der Gleichgültigkeit, des Individualismus. In diesem Kirchenschiff sitzen manche, die sind unkritisch, gefolgstreu, fromm. Einige von ihnen haben jedoch, wie mir scheint, längst dichtgemacht. Keine Reform, keine Zukunft.

Die Titanic war ein Stahlkoloss, der als unsinkbar galt. Oben wurde noch gefeiert, während unten schon Wasser eindrang. Als Kirchenschiff wäre die Titanic ein Boot, das bereits untergeht, das kollidiert mit den Spitzen des Eisbergs Postmoderne. In diesem Kirchenschiff sitzen einige: selbstherrlich, dogmatisch, eitel. Das ist »Kirche von oben«, die eigentlich keiner mehr will. Sie fordern Gehorsam – und haben nur scheinbar alles im Griff auf dem sinkenden Schiff.

Ich möchte lieber losfahren mit der Santa Maria! Das war das Schiff des Kolumbus, der eigentlich nach Indien wollte und nebenbei Amerika entdeckte. Es waren drei Schiffe – nicht eins allein. Die Mannschaft war durchschnittlich, die Schiffe waren alt. Keiner wusste so richtig, wohin es ging, aber es gab eine Vision. Und Begeisterung für das Neue. Das ist mehr als nichts, weil man damit etwas anfangen kann.

Wieder atmen können

»Das Tor zur Freiheit geht von außen auf.« Dieses Wort lässt mich nicht mehr los. Freiheit, das steht für mich an oberster Stelle. Unzählige Menschen haben dafür gekämpft, dass wir heute in Freiheit leben. Unsägliches Leid geschah vor den Toren zur Freiheit. Wie viele Menschen wissen das heute noch zu schätzen?

Nach dem Zweiten Weltkrieg gingen bei uns die Tore zur Freiheit auf. Von außen. Die Tore der Konzentrationslager, der Gefängnisse. Schon damals war die Sehnsucht nach Freiheit in vielen lebendig. Das Tor aber haben andere aufgemacht. Von außen. Nach der Wende ging das Tor der Einheit auf. Eine große Bewegung, eine friedliche Revolution. Vorher waren viele Türen geöffnet worden, damit alles so kommen konnte, wie es kam. Von außen.

Als Seelsorger mache ich häufig die Erfahrung: Menschen haben Sorgen und Probleme, sie sind in sich selbst gefangen. Manchmal genügt es, wenn ich ihnen aufmerksam zuhöre. Allein mein Zuhören bewirkt, dass sie sich immer weiter öffnen. Und dann darf ich ein Wort sagen, das Mut macht. Als Seelsorger erfahre ich oft: Das Wort, das wirklich hilft, kann sich keiner selbst sagen. »Das Tor zur Freiheit geht von außen auf.« Eine solche Befreiung kann auch wehtun. Sie kann einen konfrontieren – mit Vergangenheit, mit Schuld und Versagen. Plötzlich gehen einem die Augen auf.

Die Bibel erzählt: Die Jünger Jesu sind in sich selbst gefangen. Sie wissen zwar, dass Jesus auferstanden ist. Aber sie haben keinen Mut, es weiterzusagen. Und danach zu leben, zu handeln. Ihr Glaube bleibt graue Theorie. Da geht auch für sie das Tor auf. Von außen. Jesus tritt selbst in ihre Mitte, wünscht ihnen den Frieden, haucht sie an und spricht: »Empfangt den Heiligen Geist« (vgl. Joh 20,19–23).

»Das Tor zur Freiheit geht von außen auf.« Das erfahren auch die Jünger. Der Impuls zur Freiheit ist nicht selbst gebastelt, sondern ein Geschenk, eine große Gabe. Diesen Impuls nennen sie: Heiliger Geist. Sie brauchen jemanden, der die Tür von außen aufstößt und frischen Wind hereinlässt.

»Sprich du das Wort, das tröstet und befreit«, singt ein Kirchenlied. Ich wünsche jedem einen Menschen, der zuhört. Und dann ein Wort sagt, das hilft. Ich wünsche den Befreiern von heute wirkliche Freiheit. Das geht nur in Gerechtigkeit und Aufrichtigkeit. Sonst regiert nur das Recht des Stärkeren. Und der Kirche wünsche ich frischen Wind. Von außen, vom Heiligen Geist. Ich wünsche allen diesen guten Geist, der befreit. Damit man wieder atmen kann.

Geistliche Übungen

Geistliche Übungen sind kein frommes Getue, mit dem man aus der Welt aussteigt, sondern der achtsame Umgang mit allem, was mir widerfährt. Denn dadurch zeigt mir Gott, wie es weitergeht. Im Beten und im Handeln.

Schlecht geschlafen

Haben Sie gut geschlafen? Ich hoffe es sehr. Aber immer klappt das nicht. Bei mir ist das so: Am Abend schicke ich alle Sorgen zum Himmel. Meistens kann ich gut abschalten, wenn ich meine Probleme Gott anvertraut habe. Aber manchmal rauben sie mir auch den Schlaf. Loslassen fällt eben schwer. Manche Gedanken halten mich ganz gefangen und dann komme ich nicht zur Ruhe. Am anderen Morgen geht es mir dann auch nicht so gut.

Mir helfen da ein paar Übungen. Zum Beispiel diese: Ich stelle mir vor, was wohl nächstes Jahr sein wird. Nächstes Jahr um diese Zeit, also genau ein Jahr später als heute. Ob mich dann meine Sorgen noch quälen? Ob sie mir dann noch den Schlaf rauben werden? Auf jeden Fall fühlen sie sich kleiner an, wenn ich mir sie aus einer anderen Perspektive heraus anschaue, aus der Zukunft. Denn meine Erfahrung sagt mir: Es hat ja meistens geklappt, ich habe für fast jedes Problem noch eine Lösung gefunden, ich brauche nur ein bisschen mehr Geduld.

Eine zweite Übung ist diese: Ich sage nicht meinem Gott, dass ich ein Problem habe, sondern ich sage meinem Problem, dass ich einen Gott habe. Mit anderen Worten: Ich mache mir bewusst: Gott ist immer noch größer. Ich brauche deshalb meinen Kopf nicht in den Sand zu stecken. Und schon gar nicht von der Brücke zu springen. Ich bin ja nicht allein. Da sind viele, die mir helfen. Vor allem ist da Gott, der immer noch größer ist.

Ich weiß, dass auch er meine Probleme nicht lösen wird. Wenn ich aber weiß, dass er größer ist, dann fühlen sich meine Probleme schon etwas kleiner an. Und irgendwie lösbarer. Auf jeden Fall weniger belastend.

Sage nicht Gott, dass du ein Problem hast. Sage deinem Problem, dass du einen Gott hast.

Gelassen werden

Manchmal denke ich, wir wollen sein wie Gott: zeitlos, allmächtig und immer erreichbar.

Zeitlos, ewig jung. In der Werbung machen junge und schöne Menschen Werbung für junge und schöne Produkte. Aber so jung und schön ist das Leben doch gar nicht! Es gibt viel Leben, das ist alt und manchmal sogar hässlich, aber immer noch liebenswert.

Und sogar allmächtig: Menschen wollen alles können und alles machen. Sogar den Sinn des Lebens wollen einige schon machen können. »Das macht Sinn«, sagen sie. Die Redewendung finde ich verräterisch: »Das macht Sinn.« Sinn kann man nicht machen. Entweder etwas hat Sinn oder es hat eben keinen. Gut, dass wir nicht alles machen können. Nicht wir sind die Macher des Lebens. Wir »machen« einfach keinen Sinn, wir haben ihn schon!

Und schließlich: immer erreichbar. Das ist niemand von uns, Gott sei Dank. Denn wir sind Menschen und nicht Gott. Wenn wir sein wollen wie er, dann überfordern wir uns selbst. »Wir machen das«, »Wir kriegen das hin«, »Wir haben alles im Griff« – damit schaffen sich viele noch zu Tode.

Der Glaube an Gott hilft mir, gelassener zu werden. Er macht mir Mut, Mensch zu sein – in aller Freiheit und Bescheidenheit. Mit Gott bleibe ich Mensch. Ich kann gar nicht allen Ansprüchen gerecht werden, die an mich herangetragen werden, nicht allen Anforderungen genügen.

Ich darf mich sehen, wie Gott mich sieht: Weil er ewig ist, muss ich nicht zeitlos sein. Weil er mich geschaffen hat, muss ich mich nicht selbst produzieren. Mein Leben hat schon einen Sinn – von ihm her.

Fehler machen

Ich kenne kaum einen Menschen, der sagt: Ich bin glücklich. Aber ich kenne viele, die sagen: Ich bin zufrieden. Glück ist eine Nummer zu groß für den Alltag, Glück ist etwas für die wenigen großen Momente im Leben. Aber zufrieden kann man sein. Zufrieden sein heißt – im Frieden sein. Im Frieden mit sich selbst, mit anderen und – wenn er einem wichtig ist – mit Gott.

Ich bin sehr zufrieden. Dieses Gefühl begleitet mich schon lange. Mein Rezept ist dabei: Verzicht. Ja, Verzicht! Das hört sich erst einmal negativ an. Aber ich meine es ganz positiv. Ohne Verzicht, sagen Historiker und Psychologen, gibt es keine Kultur. Wenn jeder alles haben will, wird man sich bald bekriegen. Verzichten macht ganz und gar nicht miesepetrig, sondern zufrieden!

Ich muss zum Beispiel nicht alles wissen, was man wissen kann. Muss nicht alles haben, was neu ist. Ich muss nicht in aller Munde sein, es braucht mich auch nicht jeder zu kennen. Vom Beifall anderer kann man sowieso nicht leben. Es muss mir auch nicht alles gelingen, ich darf Fehler machen. Immer glänzen geht sowieso nicht, ich darf auch mal müde sein und matt, mittelmäßig und normal.

Ich kann auch nicht alle Probleme lösen, die es zu bewältigen gibt. Deshalb will ich gerne tun, was ich kann, und den Rest anderen überlassen. Wenn ich Ja sagen kann zu dem Platz, wo Gott mich hingestellt hat, dann kann ich wirklich zufrieden sein. Barmherzigkeit besteht wohl darin, mir selbst und anderen zu erlauben, nicht wie Gott sein zu müssen. Nicht perfekt, nicht vollkommen, sondern eben: Mensch sein!

Gnade des Nullpunkts

Haben Sie schon mal von der »Gnade des Nullpunkts« gehört? Die »Gnade des Nullpunkts«: Kann denn der Nullpunkt eine Gnade sein? Nullpunkt, das ist, wenn gar nichts mehr geht. Wenn alles null und nichtig scheint. Und man wieder ganz von vorne anfangen muss. Eben bei null. Und das soll eine Gnade sein? Also ein Geschenk, ein ganz besonderes sogar?

Doch, es gibt so etwas. Wenn ich ganz unten bin. Wenn nichts mehr geht. Dann erst nämlich lerne ich zu vertrauen. Ich lerne, eine Situation wirklich ernst zu nehmen. Und anzunehmen. Ich lerne, damit umzugehen. Und irgendwie spüre ich dann sogar: Gott ist da. Ich kann mich ihm ganz überlassen. Da, wo nichts mehr geht, wo ich am Ende bin, macht Gott einen Anfang.

Die Bibel ist voll von solchen Erfahrungen. Ich denke an Israel in der Wüste. Oder an Saulus, der zum Paulus wird und dabei merkt: »Wenn ich schwach bin, dann bin ich stark« (2 Kor 12,9). Ich denke an die »Stunde null«, die manche Länder hinter sich haben, auch wir in Deutschland. Und ich denke an die Kirche, in der so vieles schiefgelaufen ist. Das ist der Nullpunkt, wenn man weiß: Jetzt kann nur noch Gott selbst helfen.

Auch im persönlichen Leben gibt es das, die »Gnade des Nullpunkts«. Ich denke an den Alkoholiker, der sich erst helfen lässt, wenn er ganz unten ist. Oder an eine Krankheit, durch die man einfach durchmuss. An eine Trauer, die nicht heilen will. Ich denke an eine leer gewordene Ehe: Beide Partner nehmen erst Hilfe an, wenn sie merken: »So geht es nicht weiter. Wenn wir so weitermachen, ist bald alles aus.«

Ich habe solche Nullpunkte oft begleiten dürfen. Und ich habe solche Nullpunkte auch schon selbst erlebt. Vor einigen Jahren habe ich mal gedacht: So kannst du nicht weitermachen. Aber genau dies war der Punkt, wo ich alles von Gott erwarten konnte. Seitdem ist mir die Stille wichtig geworden, das Gebet. Paulus hat recht, wenn er sagt: »Wenn ich schwach bin, dann bin ich stark.«

Für Jesus war das Kreuz dieser Nullpunkt. Da ging es um alles oder nichts. Wäre Jesus nicht auferstanden, dann wäre auch seine Botschaft null und nichtig gewesen. Alles umsonst! Das ganze Programm der Liebe – aus und vorbei! Wir wüssten heute nichts mehr von Jesus. Er wäre nur einer von diesen Weltverbesserern, die jämmerlich gescheitert sind. Ostern setzt Jesu Botschaft überhaupt erst in Kraft.

Ich selbst habe die Erfahrung gemacht: Gott ist immer da, aber wir nehmen ihn nicht wahr. Er hat vor uns so viel Respekt, dass er nur dann mit uns anfängt, wenn wir uns ihm ganz überlassen. Er handelt nicht gegen unseren Willen. Loslassen ist wichtig, sich innerlich öffnen. Nicht alles selber machen wollen, sondern eingestehen: Ich kann ohne Gott nicht leben. Dass Sie einmal an einen solchen Punkt kommen, das wünsche ich Ihnen!

Was die Welt bewegt

Haben Sie schon in die Zeitung geschaut? Ich mache das immer ganz früh morgens, am Frühstückstisch, beim allerersten Morgenkaffee, zwischen Müsli und Marmelade. Ich lese zuerst die erste Seite Politik, dann den Lokalteil meiner Stadt. Dann geht es wieder nach vorne, von der ersten bis zur letzten Seite. Ein Überblick, mehr ist in der Morgenhektik nicht drin. Ich kann ja am Abend noch einmal hineinschauen. Informationen gibt es sowieso genug, sie kommen einem zu jeder Zeit entgegengetickert. Es gibt so viel, das die Welt bewegt, scheinbar jedenfalls.

Im Laufe des Tages passieren viele Dinge, die wohl morgen niemand in der Zeitung lesen wird. Geschichten um mich herum. Von den zwei Nachbarn, die sich nach Jahren voller Streit wieder die Hände reichen. Von dem Kind, das nach langer Zeit im Krankenhaus wieder nach Hause darf. Von dem Schüler, der seine Versetzung doch noch geschafft hat. Von der Frau, die sich jemandem anvertrauen und ihre ganze Leidensgeschichte erzählen konnte. Von dem alten Mann, der nach vielen Jahren wieder anfing zu beten.

Ich bin sicher: So etwas bewegt die Welt. Auch wenn niemand davon erfährt. Wenn keiner darüber spricht. Und nichts davon in der Zeitung steht. Es sind Schritte in die richtige

Richtung. Erste Schritte zur Veränderung. Wenn auch nur ganz zaghaft, ganz wenig. Machen Sie sich bewusst: Was ich heute tue, verändert die Welt. Ich komme damit wohl nicht in die Zeitung. Aber alles, was ich heute tue oder lasse, ist wichtig. Für mich – und für Gott.

Was die Not lehrt

»Not lehrt beten«, sagte meine Oma. Von vielen älteren Leuten aus meiner Gemeinde höre ich das auch oft: »Not lehrt beten.«

Sie meinen: »Früher, als wir noch nicht so reich waren, da haben wir gebetet. Und wenn demnächst mal wieder schlechte Zeiten kommen, dann beten die Leute auch wieder.«

Ich glaube das nicht. Denn ich habe da so meine Fragen. Wenn nur die Not das Beten lehrt, machen wir da Gott nicht zu einem Lückenbüßer für schlechte Zeiten? Wird Gott da nicht am Ende zu einem Automaten, der zu funktionieren hat? Und wenn er mal nicht funktioniert, lasse ich ihn dann fallen? Fühle ich mich dann von ihm verlassen? Wenn Gott nur für Not und Leid zuständig sein soll, für Trauer und Tod – wird er da nicht total an den Rand gedrängt?

Für mich ist Beten so etwas wie Beziehungspflege. Mein Beten ist ein Gespräch, das meinen Glauben lebendig hält. Wie unter guten Freunden. Oder wie in Ehe und Familie. Das Gespräch ist wichtig für die Beziehung. Deshalb ist das regelmäßige Gebet für mich das wichtigste. Ich rede auch gar nicht viel, wenn ich bete, sondern ich höre einfach zu. Das geht wirklich. Aber es braucht eine ganze Menge Geduld. Man muss darauf verzichten, irgendetwas zu wollen. Einfach nur da sein, das genügt.

Ein Kind bittet: »Lieber Gott, mach, dass es morgen nicht regnet.« Ein Erwachsener betet: »Lebendiger Gott, gib uns Kraft für einen guten Tag.« Ein Kind bittet: »Lieber Gott, bring uns sicher nach Hause.« Ein Erwachsener betet: »Heiliger Gott, begleite uns mit dem Geist der Aufmerksamkeit.« Manch einer fragt: »Warum hast du das nur zugelassen, Gott?« Ein anderer vertraut: »Mit dir werde ich mein Leben bestehen, komme, was kommt.« Merken Sie den Unterschied? Kinder beten zum »lieben Gott«. Erwachsene merken, dass Gott sie in dieses Leben hineingestellt hat. Und ihnen dabei hilft, es zu bestehen.

Ich bete also nicht erst, wenn ich in Not bin. Oder schon den Mut verloren habe. Gott selbst hört jedes Gebet gern, selbstverständlich. Auch den Hilfeschrei aus tiefer Not. Aber noch lieber ist er mit uns im Gespräch. Regelmäßig und auf Augenhöhe. Wie unter guten Freunden.

Deshalb bete ich heute und hier. Jetzt, wo ich noch ganz unbeschwert bin. Wo mich noch kein Schuh drückt. Und noch kein Problem unlösbar scheint. Wo noch keiner gestorben ist, für den ich Trauer empfinde. Und noch keine Krankheit quält. Ich bete jetzt, wo ich Lust am Leben habe. Wo ich dankbar für mein Leben bin und Freude empfinde. Ich bete jetzt, wo ich noch Kraft für meine Arbeit habe. Und mir der Erfolg noch nicht ausgegangen ist. Und ich hoffe, dass ich dabei lerne, auf Gott zu hören. Wenn ich ihn jetzt liebe, kann ich ihm ja vielleicht auch dann noch vertrauen, wenn irgendwann einmal Trauer und Leid über mich kommen. Denn das ist sicher, daran kommt keiner vorbei.

Ich wünsche mir, dass nicht nur die Not das Beten lehrt, sondern auch die Liebe.

Ich glaube, weil ich bete

Mit dem Beten hatte ich früher große Schwierigkeiten. Ich habe es immer wieder versucht, aber es wollte nicht gelingen. Vielleicht denken Sie jetzt: »Ein Pfarrer, der Probleme mit dem Beten hat, ist das nicht wie ein Chirurg, der kein Blut sehen kann?« Ich habe mich das auch gefragt, jahrelang. Bis ich mir irgendwann gesagt habe: Setze nicht zu sehr auf Innerlichkeit, halte einfach durch. Und ich habe gemerkt: Man kann es lernen!

Zuerst habe ich mich an die Gebete gehalten, die ich kannte. Dann habe ich andere Texte gesucht, mich in der Bibel umgesehen, in der Liturgie der Kirche. An das, was ich als Priester beten musste, habe ich mich geradezu geklammert, wollte es immer besser kennenlernen, verstehen. Heute bete ich meistens im Schweigen. Ich brauche ja Gott nicht zu erzählen, wie es mir geht. Er ist mir näher, als ich mir selber bin. Das wichtigste Gebet ist heute für mich: täglich eine halbe Stunde Stille.

Glauben bedeutet: Vertrauen haben, eine Beziehung leben. Eine persönliche Beziehung mit Gott: danach habe ich mich immer gesehnt. Gott ist ja kein Prinzip, keine Idee, sondern – ein Du! Das glaube ich als Christ zusammen mit Juden und Moslems. Mit einem Gott, der ein Jemand ist, ein Gegenüber, kann ich sprechen. Dieser Gott nimmt mich in Anspruch. Und noch mehr: Nur ein persönlicher Gott kann lieben!

Meine Erfahrung ist, dass man Beziehungen pflegen muss, schon zwischen Menschen. Man muss dafür etwas tun. Wenn auch Glauben mit Beziehung zu tun hat, dann ist es nicht so wichtig, wie ich mich beim Beten fühle. Es kommt darauf an, dass ich treu bleibe. Auch wenn es schwer ist, ja, sogar langweilig werden kann. Deshalb versuche ich, regelmäßig zu beten, allein und in Gemeinschaft. Wenn Zeit und Ort für mich stimmig sind, findet auch mein Herz ein Zuhause. Ganz gleich, ob ich spreche oder schweige, ob in der Kirchenbank oder auf der Bettkante: Mein Glaube hat ein Dach überm Kopf.

Und was bringt das? Ich weiß nicht, was mein Gebet bei Gott bewirkt, aber ich weiß, wie es in mir wirkt. Mit meinem Beten will ich ja nicht Gott verändern. Er verändert mich! Und das gibt mir Kraft zum Weitermachen. Also, ganz ehrlich: Mit dem Beten tue ich mich immer noch schwer. Aber das belastet mich jetzt nicht mehr. Ich bete ja nicht nur, weil ich glaube. Ich glaube, weil ich bete.

Was uns verbindet

»Blut ist dicker als Wasser« – bestimmt kennen Sie das Sprichwort. »Blut ist dicker als Wasser«, das bedeutet: Verwandtschaft bindet am stärksten. Oder, noch etwas genauer: Menschen sind am wenigsten egoistisch, je enger sie miteinander verwandt sind. Beim Erben und Vererben spielt das oft eine Rolle: »Blut ist dicker als Wasser.«

Das Blut ist hier Symbol der Verwandtschaft, das ist klar: Blutsverwandtschaft. Wofür aber steht das Wasser? Mich erinnert es an das Taufwasser. Steht das Blut für die Blutsverwandtschaft, so das Wasser für die Geistesverwandtschaft. Auf die kann man sich, wie es scheint, weit weniger verlassen. Denn Blut ist ja dicker als Wasser.

In der Geschichte der Menschheit gibt es dafür viele Beispiele. Immer wieder war das eigene Volk, die Nation, die Familie wichtiger als die geistige Verbundenheit, die Werte oder auch der Glaube an Gott. Und dabei sollte es gerade andersherum sein: Glaube und Werte sollten uns mehr verbinden als nur die Verwandtschaft. Jesus sagt: »Wer den Willen meines Vaters im Himmel tut, der ist für mich Bruder und Schwester und Mutter.« Und in der Bergpredigt: »Wenn ihr nur eure Brüder grüßt, was tut ihr damit Besonderes? Tun das nicht auch die Heiden?«

Es gibt also eine Verbundenheit über das Blut hinaus. Eine Geistesverwandtschaft. »Blut ist dicker als Wasser«, das kann nur für unaufgeklärte, naive Menschen gelten. Gott verbindet uns mehr als unsere Gene. Egal, ob wir an ihn glauben oder noch auf der Suche sind. Denn der Glaube ist universal, er schließt keinen aus.

Dennoch: Auch in unseren Tagen ist leidvoll zu spüren, dass für viele das Blut immer noch dicker ist als Wasser. Menschen haben Angst vor dem Fremden. Sie brauchen Sicherheit und machen deshalb ihre Grenzen dicht. Sie grenzen sich ab und hoffen, dadurch irgendeine Art von Identität zu gewinnen. Im schlimmsten Fall brauchen sie sogar Feinde, um zu wissen, wer sie selber sind.

»Blut ist dicker als Wasser«, das war einmal, es ist naiv – und es kommt nicht viel Gutes dabei heraus. Verbinden sollte uns etwas Geistiges: die Demokratie, der Rechtsstaat – oder auch der Glaube an Gott.

Geduld haben mit Gott

Es gibt vieles, was uns Menschen von Geburt an mit auf den Weg gegeben wird. Die Sinne gehören dazu, auch die Reflexe. Nicht dazu gehört: Geduld. Darum müssen wir uns in Geduld üben. So heißt es sprichwörtlich. Und ich kann sagen: Das »In-Geduld-Üben« hört nie auf.

Und so wird nicht nur manche Ampel zur Geduldsübung – wenn der Fahrer vor mir so mit seinem Handy daddelt, dass ich seinetwegen die Grünphase verpasse. Auch die Kassenzone im Supermarkt ist für mich bestes Trainingsfeld in Sachen Geduld: Ich vergleiche die Einkaufswagen-Schlangen bewusst nicht mehr miteinander, sondern ich nutze die Zeit als Pause. Eine Verschnaufpause zum Meditieren. So geht Beten und Stillwerden auch an der Supermarktkasse. Ich kann ja doch nichts ändern. Und was ich nicht ändern kann, muss ich akzeptieren. Das Beste daraus machen. Eine Geduldsübung eben.

Übrigens: »Patientia« ist lateinisch und bedeutet: Geduld. Der Patient ist also derjenige, der sich in Geduld üben muss. Der geschehen lassen muss. Der akzeptieren muss, dass er nun einmal krank ist. Alles andere ist jetzt nicht mehr wichtig. Der Kranke hat nur einen Wunsch, der Gesunde hat viele.

Geduld haben muss ich auch mit Gott. Glauben ist heute nicht mehr so einfach. Es gibt viele Zweifel. Darüber kann ich nicht einfach hinweggehen. Gottes Gegenwart ist nicht offensichtlich, sondern sehr verborgen. Deshalb ist Glauben Geduld haben mit Gott. Und Hoffnung, das ist geduldig sein mit mir selbst. Ich entwickle mich ja auch nur ganz langsam, meine Macken fallen anderen eher auf als mir. Deshalb brauche ich anderen Menschen gegenüber Geduld. Und andere Menschen brauchen Geduld mit mir. Diese Geduld nennt sich: Liebe.

»Liebe Gott und deinen Nächsten wie dich selbst«, das heißt für mich: Sei geduldig mit Gott, mit den anderen – und mit dir.

Gegenwärtig sein

»Was du heute kannst besorgen, das verschiebe nicht auf morgen.« Mit diesem weisen Spruch wollte mich meine Oma zum Handeln bewegen, und zwar augenblicklich. Meistens hat das auch funktioniert. Martin Luther hat es noch drastischer ausgedrückt: »Die lange Bank ist des Teufels liebstes Möbelstück.«

Ich treffe einen äußerst gestressten Manager.

»Ach«, sagt er, »nächstes Jahr habe ich bestimmt weniger Termine und dann sorge ich besser für mich und meine Familie.«

»Verschieben Sie Ihr Leben nicht auf übermorgen«, sage ich ihm. »Sie müssen jetzt sofort etwas ändern.«

Ich höre von einer Frau, die Streit hat mit ihrer Familie, sie müsste eigentlich einen Besuch machen. »Im Moment geht's aber nicht«, meint sie. »Das muss noch ein bisschen warten. Nächste Woche gehe ich bestimmt hin.« Ob sie es wirklich tut?

Ich glaube, man kann nur wirklich glücklich sein, wenn man ganz in der Gegenwart lebt, im Hier und Jetzt. Hier ist der Ort und jetzt ist die Zeit, wo ich gebraucht werde. Hier und jetzt, so glaube ich fest, will auch Gott mir begegnen. Heute will ich einfach gegenwärtig sein. Nichts auf die lange Bank schieben. Denn morgen könnte es zu spät sein.

Jesus war ein Mensch, von dem eine große Wirkung ausging. Ich glaube, er war einfach präsent. Ich kenne wenige weitere Menschen, die können einen ganzen Raum füllen. Die haben Ausstrahlung. Sie sind präsent, aber sie erdrücken niemanden. Es sind wahrhaft große Menschen, aber sie machen niemanden klein.

Seien Sie heute einfach gegenwärtig – in Raum und Zeit. Dann haben Sie Ausstrahlung.

Schwester Euthymia

Ich gehe gerne zum Friedhof. Nicht nur dienstlich, wenn ich eine Beerdigung leite, sondern auch privat, am Sonntagnachmittag zum Beispiel. Das Leben fühlt sich dann irgendwie anders an. Die Zeit, die ich habe, erscheint mir kostbarer. Und manche Dinge sind dann mit einem Mal viel weniger wichtig. Leuten, die sich für sehr wichtig halten, sage ich manchmal: Gehen Sie doch mit mir zum Friedhof, der ist voller Menschen, die sich mal für unentbehrlich hielten.

Vor einiger Zeit war ich mit Schulklassen auf dem Friedhof: Münsters Zentralfriedhof – Ecke Himmelreichallee. Anschauungsunterricht zum Thema Trauer, Sterben und Tod. Einige Kinder hatten Angst, sie meinten, auf dem Friedhof spukten irgendwelche Geister herum. Sie hatten wohl zu viele Horrorfilme gesehen, waren aber noch nie auf einem Friedhof gewesen, geschweige denn auf einer Beerdigung. Manche ihrer Eltern hatten noch mehr Bedenken, sie wollten den Gedanken an Sterben und Tod von ihren Kindern fernhalten, das sei doch alles so traurig und ernst.

Auf dem Hinweg haben wir innegehalten und geschwiegen, uns aber auch unterhalten. Hinter mir sprachen einige Kinder über die Autos ihrer Eltern. Ganz schön angegeben haben sie damit. Seltsam, habe ich gedacht, was schon Kindern alles wichtig ist. Wenn ich einmal alles loslassen muss, haben diese Dinge doch gar keinen Wert mehr. Auf dem Friedhof haben wir dann die Gräber angeschaut, Fragen gestellt. Und über die große Hoffnung der Christen gesprochen, dass Gott für uns eine Ewigkeit bereithält.

Und dann waren wir noch beim Grab von Schwester Euthymia. Die liegt auch auf Münsters Zentralfriedhof. Schwester Euthymia hat ihr ganzes Leben lang Kranke gepflegt und Wäsche gewaschen. Wegen ihrer Freundlichkeit wurde sie hochgeschätzt, auch nach ihrem Tod. Deshalb ist sie von der Kirche seliggesprochen worden, vielen Menschen ist sie ein Vorbild. Interessant, habe ich gedacht: Da ruhen auf dem Zentralfriedhof in Münster so viele Persönlichkeiten aus Wissenschaft und Politik, reich betitelt und scheinbar super wichtig. Aber das bekannteste Grab ist das einer Ordensfrau, die Kranke gepflegt und Wäsche gewaschen hat. Und dabei einfach fromm und freundlich war.

Die Kinder haben sofort begriffen: Es kommt im Leben nicht auf Reichtum und Titel an, sondern auf Liebe und Glaubwürdigkeit. Mit den Schulklassen war das ganz einfach, nur die Erwachsenen vergessen das oft. Sollten Sie heute darüber nachdenken, was wirklich wichtig ist, machen Sie doch einen kurzen Besuch auf einem Friedhof in Ihrer Nähe!

Wege und Ziele

Wo ich ganz bei mir bin, da bin ich ganz bei Gott.
Und wo ich ganz bei Gott bin, da bin ich ganz bei mir.
Er sagt mir, wer ich bin. Deshalb kann ich deutlich von
ihm sprechen, in aller Demut, aber mit Selbstbewusst-
sein.

Radikal kommt von Radieschen

»Radikal kommt von Radieschen«, hat unser Lehrer immer gesagt. Er wollte uns damit zum selbstständigen Denken erziehen. Er sagte: »Ihr müsst kritisch nachfragen, um zu verstehen. Ihr müsst da radikaler rangehen.« Tatsächlich: Radikal kommt von lateinisch »radix«, die Wurzel. Und deswegen kommt Radieschen irgendwie auch von radikal. Radikal sein heißt, an die Wurzel gehen, gründlich sein, wenn es um die Wahrheit geht. In diesem Sinn ist auch Glauben radikal. Aber nur in diesem Sinn!

Jesus ist radikal. Ihm geht es um die Wurzel, um Gott selbst. Jesus ist radikal – im guten Sinne, im Sinne von Wahrheit und Liebe. Radikal in der Wahrheit, radikal in der Liebe. Aber Jesus ist kein Radikalinski: Er ist nämlich unglaublich weitherzig. Und kein bisschen fanatisch. Typisch für religiöse Fanatiker ist ja: Sie meinen immer, ihren Gott irgendwie beschützen zu müssen, und sie meinen auch, sie hätten alle dafür nötigen Geschütze selbst in der Hand. Nein, so etwas will Jesus nicht. Freiheit ist für ihn das oberste Gebot.

Glauben ist radikal: radikal in der Liebe, radikal in der Wahrheit. Ich möchte wieder zu den Wurzeln gehen: »radix« gleich Wurzel. Ich glaube, Christen brauchen heute eine ganz neue Identität, die sie unterscheidbar macht. Andererseits müssen sie offenbleiben, dürfen sich nicht verschließen, sollen eine Kirche sein, die einladend ist. Identität und Offenheit – das ist eine Spannung – klar. Aber die schafft Raum, um Glauben heute zu leben, wie auch immer. Ich möchte deshalb konsequenter werden, will mein Christsein nicht verstecken, soll Stellung beziehen aus dem Glauben heraus. Nach innen identisch, nach außen offen. Aber eben kein Radikalinski, der sich womöglich für besser hält als die anderen. Oder sich am Ende in seine fromme Nische zurückzieht. Solche Menschen gewinnen niemanden für den Glauben.

Wer allzu offen ist, ja, wer vielleicht sogar gleichgültig geworden ist, der muss radikaler werden, denn er braucht eine gesicherte Identität. Wenn ich sagen kann, wer ich bin, dann habe ich Ausstrahlung, dann gewinne ich auch die Aufmerksamkeit anderer. Wer jedoch zu radikal ist, wer außer der eigenen Meinung nichts mehr gelten lässt, der muss weitherziger werden, offener. Ohne Liebe gibt es keine Wahrheit und ohne Wahrheit keine Liebe. Radikalität kann man nur selber leben, aber nicht von anderen fordern!

Als Christ muss ich offen sein, damit ich andere Menschen überhaupt noch erreiche. Gleichzeitig sollen sie wissen, wer ich bin, was sie von mir erwarten können und wie sie bei mir dran sind. Offenheit und Identität zusammen, weitherzig und eindeutig zugleich. Ich wünsche allen den Mut, in Liebe zu sagen, was für sie die Wahrheit ist. Und vor allem ganz praktisch danach zu leben. Von der Wurzel her. Eben radikal.

Wo Gott aufgeht

In jedem Jahr leite ich Besinnungstage auf der Nordseeinsel Wangerooge. Dazu gehört jedes Mal auch ein Gang in den Morgen. Eigentlich nichts Besonderes: Wir stehen ganz früh auf und gehen der Sonne entgegen. Am Strand, mit Liedern und Gebeten. Irgendwann geht die Sonne auf. Und obwohl das alle schon zigmal gesehen haben, ist es doch immer wieder ganz neu. Faszinierend!

Der Gang in den Morgen macht mir etwas deutlich. Nämlich, dass ich nicht sagen kann, wer Gott ist. Das kann keiner, nicht einmal der Papst. Sagen kann ich vielmehr nur, wo mir Gott aufgegangen ist wie die Sonne am Morgen. Denn in Wirklichkeit ist die Sonne ja gar nicht aufgegangen. Die Erde hat sich gedreht, mehr nicht. Aber ich empfinde das Ganze als Sonnenaufgang. Ich habe eine Erfahrung gemacht. Und diese Erfahrung fasse ich in Worte. Ich spreche aus, was ich empfinde. Aber die ganze Wirklichkeit kann ich nicht erfassen.

In früheren Zeiten dachte man, Gott sei genau in Begriffe zu fassen. Man meinte: Wenn Gott uns das Denken gegeben hat, dann muss er auch zu denken sein. Heute weiß jeder, dass man Gott nicht beweisen kann. Es gibt gute Gründe zu glauben, Hinweise vielleicht, aber keine Beweise. Man ging früher auch anders mit der Bibel um. Man meinte, dass sie wortwörtlich vom Heiligen Geist diktiert sei. Heute weiß jeder, dass die Bibel in einem langen historischen Prozess entstanden ist. Und deshalb der Auslegung bedarf.

Beides – das Denken und die Bibel – können sich Gott nicht direkt nähern, denn Gott ist der ganz Andere. Mein Sprechen von ihm ist deshalb bildhaft: Ich kann nur sagen, wo mir Gott aufgegangen ist. Wie beim Sonnenaufgang: Jeder weiß, dass die Erde sich dreht und dass deshalb die Sonne nicht aufgeht. Aber dennoch empfindet man es so, als ginge die Sonne auf. Und deshalb spricht man darüber, ist fasziniert davon.

Selbst Jesus hat von Gott nur in Bildern sprechen können: Er hat ihn Abba, lieber Vater, genannt. Damit wollte er sagen: Meine Beziehung zu Gott ist wie die Beziehung zwischen Vater und Sohn. Er wollte damit aber nicht sagen, dass Gott ein Mann ist und irgendwann Vater geworden sei. Der Inhalt ist wieder richtig, aber das Bild bleibt, was es ist: nur ein Bild! Deshalb kann ich auch nicht über Gott reden, sondern nur von Gott, also von den Erfahrungen, die ich mit ihm gemacht habe. Vor Leuten, die genau wissen, wer Gott ist, habe ich sogar richtig Angst. Die spinnen nämlich meistens ein bisschen.

Jeder macht seine eigenen, ganz persönlichen Gotteserfahrungen. Wenn wir über diese Erfahrungen ins Gespräch kommen, entsteht Gemeinschaft. Das ist Kirche! Dietrich Bonhoeffer hat das Ganze am einfachsten auf den Punkt gebracht: »Einen Gott, den es gibt, den gibt es nicht.« Also einen Gott, über den man hundertprozentig Bescheid wissen könnte, einen Gott, der zum Gegenstand des Denkens geworden wäre oder zum Besitz einer Glaubensgemeinschaft – einen solchen Gott gibt es nicht! Denn Gott bleibt das absolute Geheimnis. Ein Geheimnis jedoch, das mir in Jesus sehr nahegekommen ist.

Aber-Glaube

Wenn ein Kind auf die Welt kommt, dann wissen die Eltern noch nicht viel von ihm. Sie wissen, ob es ein Junge oder ein

Mädchen ist. Sie wissen, welchen Namen sie ausgesucht haben. Sie wissen, dass es schreit und Hunger hat und die Windeln vollmacht. Ziemlich wenig wissen Eltern von ihrem neugeborenen Kind. Und doch lieben sie es über alles! Kindsein heißt also: Geliebt sein um meiner selbst willen. Eben weil es mich gibt, und nicht, weil ich gut und nützlich bin.

Deshalb nennt man Menschen auch Kinder Gottes. Weil Gott uns liebt, weil er gut ist, und nicht, weil wir gut sind. Immer wieder ist in der Bibel davon die Rede: Gott nimmt uns an, ohne Wenn und Aber. Wir sind geliebt ohne Bedingung, einfach um unserer selbst willen. Wir sind Kinder dessen, den Jesus seinen Vater nennt.

Der Apostel Paulus sagt: »Ihr habt nicht einen Geist der Knechtschaft empfangen, sodass ihr immer noch Furcht haben müsstet, sondern ihr habt einen Geist der Kindschaft empfangen, in dem wir rufen: ›Abba, Vater!‹« (Röm 8,15). Der heilige Augustinus hat diesen Vers einmal so kommentiert: »Die Furcht des Sklaven ist, dass der Hausherr kommt, die Furcht des Kindes ist, dass der Vater geht.« Viele Menschen sehen sich nicht als Kinder des Vaters, dessen Nähe sie nicht missen möchten. Nein, sie haben immer noch Angst vor ihm. Zeitlebens bleiben sie Sklaven ihrer Angst.

Ich nenne das gerne den christlichen Aberglauben. Ja, Aber-Glauben! Es gibt Gläubige, für die ist Gott nicht der gute und barmherzige Vater, von dem Jesus spricht – für die ist Gott eher ein mieser Kapitalist, der aufrechnet und am Ende auszahlt, was wir vor ihm geleistet haben. Das gibt es, den Aberglauben mit christlichem Gesicht: Aus Angst vor Gott versuche ich, mich durch Frömmigkeit und gute Taten abzusichern. Dieser christliche Aberglaube bringt immer neue, misstrauische Fragen hervor:

»Ja, ich glaube, dass ich erlöst bin, aber habe ich mich auch schon richtig für Gott entschieden? Mich bei ihm dafür schon erkenntlich gezeigt?« »Ja, ich glaube, dass Gottes Gnade unverdient ist, ein Geschenk. Aber die Sache muss doch einen Haken haben: Es gibt ja auch sonst im Leben nichts umsonst.« Auf das vorbehaltlose »Ja« Gottes zum Menschen antwortet unser Aberglaube immer wieder mit »Ja, aber ...«

Gibt es vielleicht deswegen so viele freudlose, ja schwermütige Christen, weil wir Gottes Liebe gar nicht über den Weg trauen? Gibt es deswegen so viele Menschen, die Probleme mit ihrem Selbstbewusstsein haben, die sich selber nicht bejahen können, weil sie meinen, vor Gott nicht zu genügen? Wir sind doch Kinder Gottes! Nur Gott kann uns sagen: Du bist angenommen, geliebt und wertvoll, so wie du bist, mit deinen Stärken und Schwächen, mit deinen Erfolgen und Fehlern.

Vielleicht nehmen Sie diesen Gedanken heute mit in den Tag, auf die Arbeit, in die Bahn, ins Auto und an die Supermarktkasse: Nicht, was du selbst aus deinem Leben machst, ist entscheidend, sondern dass Gott dir dieses Leben geschenkt hat!

Der Weg ist nicht das Ziel

Der Weg ist nicht das Ziel, denn das sind zwei ganz verschiedene Dinge: Weg und Ziel. Es kann schlimme Folgen haben, wenn ich losgehe, ohne zu wissen, wohin. Es gibt Menschen, die sehr dynamisch in die Irre gehen, die sich verlaufen und einfach nicht ankommen. Sie wissen nicht, wohin sie wollen, aber das mit ganzer Kraft. Sie fahren mit Hochgeschwindigkeit ins Nichts.

Ich brauche Orientierung. Ohne Wegweiser kann ich meinen Weg nicht finden. Ohne Kompass verliere ich die Orientierung, meine Schritte werden richtungslos. Zuletzt laufe ich mutigen Schritts in den Abgrund. Ich brauche ein Ziel, um mich auf den Weg zu machen.

Als Christ habe ich ein Ziel: das Reich Gottes in der Gemeinschaft mit Christus. Von diesem Ziel her ergeben sich meine Wege. Und wenn ich falsche Wege gegangen bin, dann hilft mir der Blick auf Jesus Christus, den richtigen Weg wiederzufinden. Ich denke: Wo der Mensch sich selbst überlassen bleibt, da dreht sich sein Weltbild im Kreis. Aber wo es einen Erlöser gibt, da gibt es auch ein Ziel, eine Lösung, ein Happy End.

Jesus sagt: »Ich bin der Weg, die Wahrheit und das Leben« (Joh 14,6). Er selbst ist der Weg. Und das Ziel ist Gott, den Jesus seinen Vater nennt. Als Christ muss ich dafür sorgen, mein Lebensziel nicht aus dem Blick zu verlieren. An Christus darf ich mein Leben orientieren. Wenn ich seine Botschaft ernst nehme, dann glaube ich, auf einem guten Weg zu sein.

Liebe in Person

Keiner kommt allein durchs Leben. Beziehungen sind lebenswichtig. Auch Gott will nicht einsam sein. Er lebt nicht allein, sondern in Beziehung.

Ein Gott in drei Personen: Vater, Sohn und Heiliger Geist. So sprechen Christen von ihm. Also ist Gott kein einsamer Einzelgänger, der einem leidtun könnte, sondern ganz lebendig, in Gemeinschaft. In ihm selbst gibt es Beziehung: Gott ist die Liebe in Person.

Und Liebe bedeutet zuerst: Freiheit. Weil man nur in Freiheit lieben kann, sonst ist es keine Liebe. Nur allzu oft bedienen sich die Mächtigen einer autoritären Religion, eines Gottes, der einsam und allein über allem thront. Und die Folgen sind: Herrscher von Gottes Gnaden – und Kriege in seinem Namen. Dann regiert der Stärkere und nicht das Recht. Der Name Gottes wird nur benutzt – und am Ende missbraucht.

Der Glaube an den dreifaltigen Gott ist da ganz anders: auf Beziehung angelegt, ganz persönlich, und eben nicht einsam und von oben herab. Wer liebt, will nicht herrschen, sondern sich selber geben. Als Christ glaube ich: Gott hat alles gegeben – seinen Sohn Jesus. Er lebt in jedem Menschen – durch seinen Geist. Der dreifaltige Gott ist so lebendig, dass er sich auf keine Seite schlagen lässt.

Menschen sehnen sich nach Beziehung, nach Liebe. Mir hat das immer gutgetan, an einen Gott glauben zu dürfen, der selbst Liebe und Gemeinschaft ist. Und der gar nichts anderes will, als genau das zu schenken. »Gott ist die Liebe«, sagt die Bibel (1 Joh 4,8). Weil er mich liebt, kann ich überhaupt erst lieben. Er hat gewollt, dass es mich gibt. Sein Sohn spricht mich an mit der Botschaft vom Reich Gottes. Und sein Geist macht mir Mut, in aller Freiheit an ihn zu glauben.

Sprachlosigkeit überwinden

Manchmal bin ich sprachlos. Dann kriege ich nichts mehr heraus. Wenn mich etwas ganz tief berührt, dann fehlen mir die Worte.

Trauer macht stumm: etwa wenn einer in der Familie stirbt. Stumme Trauer geht meistens um etwas, das unwiederbringlich vorbei ist. Aber auch Glück kann so unruhig machen, dass es einem die Sprache verschlägt. Wenn mich etwas ganz tief berührt, dann sitzt mir ein Kloß im Hals. Dann kriege ich nichts mehr heraus. Für mich steckt da eine tiefe Sehnsucht drin nach Zuhören, nach wirklichem Gespräch.

Seltsam, wie schwer es ist, wirklich miteinander zu sprechen. Und wie leicht einem bloßes Gerede über die Lippen kommt. So ein leeres Geplänkel – das ist im Grunde ja nichts anderes als beredte Sprachlosigkeit. Einem versagt die Sprache und dann quatscht man wirres Zeug, nur weil man das Eigentliche nicht ins Wort bringen kann.

Sprachlosigkeit herrscht auch bei vielen, wenn es um den Glauben an Gott geht. Da gibt es sogar Ängste. Die einen sagen: »Das ist mir viel zu persönlich, das geht keinen etwas an.« Andere meinen: »Da kann ich sowieso nicht mithalten. Da halte ich mich heraus.«

Es ist ganz selten, dass einer ungeniert von seinem Glauben spricht. »Das muss ein komischer Vogel sein«, denken dann viele. Aber auch, wer mit dem Glauben aufgewachsen ist, hat oft keine Sprache dafür. Das klingt dann so: »Ich glaube ja wohl an Gott« oder »Wir gehen auch noch zur Kirche.« Irgendwie hört sich das fast wie eine Entschuldigung an. So, als ob man sich dafür schämen müsste. Es klingt nach verstaubter Tradition, aber nicht nach Überzeugung.

Der Apostel Paulus sagt: »Ich schäme mich des Evangeliums nicht, denn es ist eine Kraft, die von Gott kommt« (Röm 1,16). Wie wäre das, wenn ich sagen könnte: »Es ist gut, an Gott zu glauben. Dafür stehe ich ein. Und ich sage ganz selbstbewusst: Ja!«

Wer bin ich?

In der Bibel gibt es eine Geschichte, in der Jesus seine Jünger fragt: »Für wen haltet ihr mich?« (Mt 16,15). Wenn ich diese Stelle lese, muss ich schmunzeln. Das klingt ja fast schon etwas selbstunsicher vom Gottessohn. Dass er sich rückversichern muss bei seinen Jüngern, wer er ist. Man sollte doch meinen: Wer, wenn nicht Jesus, weiß um seine eigene Identität, kennt sich selbst durch und durch?

Aber das ist eben so eine Sache mit der Identität, besonders, wenn es um die eigene geht. Wer bin ich? Was macht mich aus? Diese scheinbar einfache Frage ist gar nicht so leicht zu beantworten: »Ja, für wen halte ich mich denn?«

Es gibt ja auch eine andere Art der Identitätsfindung, eine ziemlich simple: die Nicht-Identität, die Gegen-Identität. Dann weißt du vor allem, wer du nicht bist: Deutsche sind dann hauptsächlich keine Ausländer, Männer sind vor allem keine Frauen, Katholiken keine Evangelischen und Schalke-Fans sind nicht BVB. Du bildest dir womöglich sogar noch was drauf ein, nicht zu den anderen zu gehören, zu denen da, die anders sind als du.

Das alles ist natürlich sehr gefährlich: Identität durch Abgrenzung. Es ist zu allen Zeiten viel Gewalt dabei herausgekommen, viel Dummheit auch: Nationalismus, Männerherrschaft – und eine Menge Vorurteile. Wenn man meint, man selbst sei irgendwie besser als die anderen. Aber im Grunde genommen weiß man dann ja nur, wer man nicht sein will, und nicht, wer man wirklich ist. Man kennt nur die Gegenseite, die man ablehnt, aber nicht sich selbst. Das eigene Selbst fühlt sich hohl und leer an.

Denken wir doch einmal in Ruhe darüber nach: Wer bin ich? Was ist meine Identität? Für wen halte ich mich selbst? Was macht mich unverwechselbar? Denn wer eine gesicherte Identität hat, der gewinnt Ausstrahlung. Wem man ansieht, wofür er steht, der weckt Aufmerksamkeit.

Wenn ich gefragt werde, wer ich bin, antworte ich gerne: ein Spielmann Gottes. Spielmann Gottes: Da ist Gott drin, da ist Musik drin – und eine geballte Portion Humor. Spielmann Gottes: Damit kann ich mich gut identifizieren.

Mit welchen Worten würden Sie Ihre Identität beschreiben? Als Mensch, als Christ, als ...? Denn nur wer sagen kann, wer er ist, erfährt Aufmerksamkeit.

Geheimnis der Gewohnheit

»Das ist doch bloß Gewohnheit«, sagen manchmal die Jüngeren, wenn es um den Glauben der Älteren geht. Sie meinen, es sei doch nur Gewohnheit, das mit dem Beten und Zur-Kirche-Gehen. Gewohnheit, das klingt ja auch irgendwie langweilig. So, als ob nichts los sei, als ob nichts Neues passiere.

Ich finde Gewohnheiten gar nicht schlecht. Und ja, ich gebe es zu: Ich bin ein Gewohnheitstier. Für mich kommt Gewohnheit von wohnen. Es gibt Geläufigkeiten, in denen bin ich zu Hause. Selbstverständlich brauche ich zum Glauben vor allem dies: Freiheit. Wenn es Freiheit gibt, sind Gewohnheiten gut. Wenn aber Zwang im Spiel ist, sollte man vorsichtig sein.

Mein Glaube trägt, auch wenn er längst zur Gewohnheit geworden ist: Ich »wohne« dann in Gottes Gegenwart, bis ich »heimisch« bin in seinem Geheimnis. Gewohnheit ist alles andere als gewöhnlich oder nur äußerlich. So wie ein Gebirge die Summe von Bergen ist, so ist eine Gewohnheit die größtmögliche Gesamtheit von Wohnen, so wie ein Geheimnis die weiteste Vorstellung ist von heimisch sein und Heimat haben. Je mehr ich mir mein Beten zur Gewohnheit mache, desto mehr bin ich im Geheimnis Gottes zu Hause.

Erst wenn die Gewohnheit zwanghaft ist, wird sie abstoßend. Verliebte küssen sich hoffentlich gewohnheitsmäßig, aber niemals zwanghaft. Zum Küssen gezwungen zu werden, könnte sogar ziemlich widerlich sein. Wenn die Beziehung stimmt und die Freiheit steht, sind Gewohnheit und Ordnung eine große Entlastung. Nur was ich immer wieder in Freiheit tue, prägt mich von Herzen, durch und durch. Zum Glauben, Beten und Lieben darf niemand gezwungen werden, aber es kann eine gute Gewohnheit sein.

Abgerissen!

Ich hätte nicht gedacht, dass mich das so berührt: Meine Heimatkirche ist abgerissen worden. Jedenfalls zum großen Teil. Nur der Turm ist stehen geblieben und eine kleine Kapelle daneben. Ich verbinde wirklich viel mit dieser Kirche: Ich bin darin getauft worden, zur Erstkommunion und Firmung gegangen. Und unzählige Male zum Gottesdienst. Ich habe darin beten und Orgelspielen gelernt. Mit dieser Kirche verbinde ich meinen Glaubensweg, meine Glaubensgeschichte.

Vom Kopf her ist mir klar: Wenn die Kirchen leerer werden, braucht man nicht mehr so viele davon. Es war also eine Abstimmung mit den Füßen: Die Leute sind nicht mehr gekommen. Viel zu große Kirchen, die keiner mehr braucht, stehen eben irgendwann nur noch in der Gegend herum.

Andererseits sind Kirchen auch Symbole. Sie sind stein-
gewordene Zeichen für Sehnsucht, für Transzendenz. Dafür,
dass es doch mehr als alles geben muss. Auch wenn sie keiner
mehr braucht: Sie haben eine Botschaft. Was wäre wohl passiert, wenn man im Mittelalter alle Kirchen abgerissen hätte,
die gerade nicht gebraucht wurden?

Der Abriss meiner Heimat- und Taufkirche hat mir richtig
wehgetan. Jetzt verstehe ich all diejenigen besser, die in ihrer Kirche ein Stück Heimat gefunden haben. Zuerst war ich
sogar richtig wütend. Kirchen abreißen, so etwas kennt man
doch nur von Diktatoren und Ideologen, habe ich gedacht.
Da sind die Kirchenleitungen nicht besser als die DDR-Par-
teifunktionäre. Denn die haben ja auch Kirchen abreißen lassen, wenn auch aus ganz anderen Motiven. Die einen hatten
keinen Glauben, die anderen aber haben offenbar nur noch
wenig Hoffnung.

Zuerst also war ich traurig und wütend. Dann habe ich
gedacht: Dein Glaube hängt ja nicht an Steinen. Und auch
nicht an Erinnerungen. Glauben ist vielmehr eine Herausforderung. Nicht nur Heimatgefühle, sondern Aufbruchsstim-
mung. Nicht nur Kirchengebäude, sondern Glaubensgemeinschaft. Ich werde also nicht aufhören, Gott zu suchen. Und
darauf zu hoffen, dass er mich findet.

Auf dem Weg zum Propheten

Kennen Sie Propheten? Ich kenne eine ganze Menge davon.
Doch was ist das eigentlich, ein Prophet? Für manche ist er
vielleicht so eine Art Hellseher, der die Zukunft voraussagt.
Einer, der weiß, was morgen oder nächstes Jahr sein wird.

Andere sehen im Propheten einen gelehrten alten Mann, der allerlei Weisheiten aufschreibt über Gott und die Welt.

Aber nichts von alledem ist wahr. Propheten sind keine Hellseher und keine frommen Gedichteschreiber. Sie sind keine Wahrsager, aber sie sagen die Wahrheit. Und das macht sie unbeliebt. Denn in Wirklichkeit sind sie die Miesmacher der Nation, Unruhestifter und penetrante Nörgler, Salzstreuer in den Wunden der Mächtigen und Reichen. Es sind Leute, die genau hinschauen, was Sache ist, und die Dinge beim Namen nennen. Ohne Rücksicht auf Verluste. Und ohne Respekt vor der Obrigkeit.

Auch Jesus war ein Prophet. Er hatte etwas erfahren von Gott, wusste sich gesandt und wollte die Menschen zur Freiheit führen. Wie alle Propheten war auch er ein Störenfried durch und durch, ein Gesellschafts- und Sozialkritiker. Die Wahrheit war ihm wichtiger als die Konvention oder der gute Ruf. Faule Kompromisse waren ihm zuwider. Schon am Anfang seines Weges wollte man ihn nicht hören: »Kein Prophet wird in seiner Heimat anerkannt«, hat er da gesagt. Und am Ende erleidet er das typische Prophetenschicksal: »Ein Prophet darf nirgendwo anders umkommen als in Jerusalem.«

Propheten haben nicht immer große Namen. Oft sind es Menschen, die man nicht ganz für voll nimmt, weil sie anders sind, als man eben so ist. Eines aber haben sie gemeinsam: Sie stören Gewohnheiten, bringen zum Nachdenken, stellen in Frage. Und irgendwann, wenn ich Unrecht spüre, wenn ich sage: »So geht's nicht weiter, einer muss den Mund aufmachen« – dann werde ich vielleicht selbst zum Propheten. Wenn es noch etwas gibt, worüber ich mich so richtig aufregen kann, etwas, das mir unter die Haut geht, wo ich nicht bloß gelangweilt müde gähne – dann bin ich auf dem besten Weg.

Heiliger Alltag

Menschen begleiten zu dürfen – von der Geburt bis zum Tod –, ist ein großes Geschenk. Alle Höhen und Tiefen miterleben – und eine Botschaft bezeugen, die heilsam ist und provoziert.

Villa Einsamkeit

Durch meinen Dienst als Gemeindepfarrer komme ich in viele Häuser und Wohnungen. Zu Hause spricht es sich leichter mit den Menschen: Sie sind in ihrer gewohnten Umgebung, ihre Gedanken und Fragen haben sozusagen Heimspiel. Von solchen Hausbesuchen möchte ich Ihnen erzählen. Und dann immer wieder von seelsorglichen Begegnungen: Geschichten aus der Gemeinde, die wirklich so passiert sind und über die ich lange nachdenken musste. Namen und Ereignisse habe ich jeweils so verändert, dass die Vertraulichkeit gewahrt bleibt.

Ich werde zu einem älteren Mann gerufen. Er will etwas mit mir besprechen. Etwas, das ihm große Sorgen macht. Ich melde mich telefonisch an, wir vereinbaren einen Termin, ich fahre hin. Vor dem Haus angekommen, wundere ich mich: Was für eine Villa! Nachdem ich eingetreten bin, zeigt mir der Mann bereitwillig alle Räume. Sehr geschmackvoll, denke ich, wenn auch ein bisschen protzig. Und ich frage arglos: »Sagen Sie mal, wie viele Menschen leben hier eigentlich?«

»Herr Pfarrer, ich lebe hier ganz allein«, antwortet er.

»Das tut mir aber leid!« Beinahe kann ich diesen Satz noch herunterschlucken, da ist er schon heraus, fast wie aus dem Rückenmark.

»Das tut mir aber leid.« Ja, wenn einer so lebt, das tut mir leid: reich, aber einsam. Wovon leben wir? Was macht glücklich? Doch nur dieses eine: Beziehungen! Wenn ich mein Leben mit jemandem teilen kann, das macht glücklich. Wenn ich meine Zeit sinnvoll verschenken kann, davon kann ich leben. Man kann sich nur einmal am Tag richtig satt essen, sich nur auf einen Stuhl gleichzeitig setzen. Und das sprichwörtliche letzte Hemd hat ja bekanntermaßen keine Taschen. Armer Kerl, den ich da besuche: reich, aber einsam und verlassen. Und genau das ist ja auch sein Problem: die Einsamkeit.

Bei meinem Besuch muss ich an die Geschichte vom reichen Mann denken, die Jesus erzählt. Der reiche Mann hat eine gute Ernte eingefahren und nimmt sich deshalb vor, große neue Scheunen zu bauen. Dann kann er zu sich selbst sagen: »Seele, nun hast du einen großen Vorrat, der für viele Jahre reicht. Ruh dich aus, iss und trink und freue dich.« Doch dann sagt Gott zu ihm: »Du Narr! Noch in dieser Nacht wird man dein Leben von dir zurückfordern. Wem wird dann das gehören, was du angehäuft hast? So geht es einem, der nur für sich selbst Schätze sammelt, aber bei Gott nicht reich ist« (vgl. Lk 12,16–21).

Besitz macht nicht reich, sondern unfrei und einsam. Denn mein Besitz zwingt mich, ihn zu benutzen, um ihn zu rechtfertigen. Deshalb gilt: Je mehr ich besitze, desto weniger Zeit habe ich für andere Menschen und für Gott. Nicht der ist reich, der am meisten besitzt, sondern derjenige, der am wenigsten braucht. Wenn Sie mehr Quadratmeter Wohnfläche als schöne Tage im Jahr haben, dann denken Sie nach! Wenn

Sie Zeit übrig haben, dann überlegen Sie, wem Sie diese Zeit heute sinnvoll schenken können. Ich selbst sehe das so: Weil Gott mich liebt, kann ich mein Leben einsetzen. Ich muss es nicht ängstlich für mich selbst behalten. Ich investiere lieber in Menschen, in gute Beziehungen. Und was den Ertrag meines Lebens angeht, da zähle ich auf Gott, da rechne ich ganz fest mit ihm.

Eine zweite Haus-Begegnung ist mir ebenso lange nachgegangen. In meiner Gemeinde kommt es häufig vor, dass Menschen ihr neu gebautes Haus segnen lassen möchten. Vor einiger Zeit bat ein älteres Ehepaar um eine solche Segnung. Beide waren schon Ende siebzig. Die Frau zeigte stolz ihr neues Heim und sagte: »Herr Pfarrer, hier wollen wir jetzt auch nicht wieder ausziehen.«

»Doch«, habe ich gesagt, »eines guten Tages werden Sie hier ausziehen – mit den Füßen zuerst.«

Ich durfte das so direkt sagen, die Frau hat es mir nicht übel genommen. Wir haben dann die Haussegnung mit einem Wort aus Psalm 49 begonnen: »Lass dich nicht beirren, wenn einer reich wird und die Herrlichkeit seines Hauses sich mehrt; denn im Tod nimmt er das alles nicht mit, seine Herrlichkeit steigt nicht mit ihm hinab« (Ps 49,17).

Ausgetreten!

Martin war aus der Kirche ausgetreten. Er war zwar katholisch aufgewachsen, hatte die ganze kirchliche Laufbahn mitgemacht: Taufe, Erstkommunion, Firmung. Sogar Messdiener war er einige Jahre lang gewesen. Doch damit sollte jetzt Schluss sein. Ihn störte das ganze Gehabe und, wie er sagte, die Eitelkeit der Kirchenleitungen, das sei doch alles nicht mehr zeitgemäß. Und schon gar nicht glaubwürdig. Geradezu wütend war er gewesen – über die sogenannte Amtskirche. Mit der Kirche vor Ort war er eigentlich ganz zufrieden. Von seinem alten Heimatpfarrer erzählte er mit großem Respekt: konservativ, aber liebenswürdig sei er gewesen. Martin mochte sich an ihn gerne erinnern.

Zwischenzeitlich hatte er geheiratet. Wie hatte er sich zusammen mit seiner Frau gefreut, als sich Nachwuchs ankündigte! Ein Ehepaar, das sein erstes Kind mit offenen Armen erwartete. Als der kleine Sohn dann auf der Welt war, waren sie voller Stolz und Staunen über das kleine Wesen, das ihnen da anvertraut worden war. Sie lieben ihr Kind und wollen alles dafür tun, dass aus ihm ein aufrechter Mensch wird. Doch woran sollen sie sich orientieren? Was wollen sie ihrem Kind mitgeben? Woran solle es sich halten, wenn es einmal erwachsen ist?

Martin dachte an seine eigene Kinder- und Jugendzeit. Wie ihm das alles geholfen hatte, der Gottesdienst am Sonntag, das Gebet mit den Eltern, die kirchliche Jugendarbeit. Und der alte Pfarrer, über den man sich aufgeregt hat, aber mit dem man sich auch identifizieren konnte. Sollte das alles für seinen Sohn nicht gelten? Martin ging behutsam vor, gab im Internet ein paar Suchwörter und seine Postleitzahl an und landete auf: www.katholisch-werden.de. So kam ich ins Spiel. Es hat noch ein paar Wochen gedauert, bis er den Mut hatte, sich bei mir zu melden.

Ich habe Martin eingeladen, wir haben lange miteinander gesprochen, er wunderte sich über den freundlichen Empfang. Kirche – das ist für mich als Pfarrer ja auch kein einfaches Thema. Ich selbst glaube dank der Kirche, weil ich ohne sie nichts von Jesus wüsste. Ich glaube mit der Kirche, weil ich allein nicht glauben kann und nicht glauben mag. Ich brauche Menschen, die für mich glauben, wenn ich zweifle, Menschen, die beten, wenn ich es gerade nicht kann. Und ich glaube eben auch trotz der Kirche – ja, trotz der Kirche! –, weil auch ich mich bisweilen über sie ärgere. Obwohl ich ein Teil von ihr bin, obwohl ich selbst dazugehöre: Glauben dank, mit und trotz der Kirche!

Das fand Martin sehr ehrlich und es war ja auch so gemeint. Er könne auch nicht an die Kirche glauben. »Müssen wir auch nicht«, gab ich zu bedenken. »Im Glaubensbekenntnis steht, dass wir an Gott Vater, an Jesus Christus und an den Heiligen Geist glauben. An die Kirche jedoch glauben wir nicht.« – Im Bild gesprochen: Wenn die Kirche so etwas wäre wie eine Theatergruppe, dann gäbe es in ihr auch schlechte Schauspieler. Und alle zusammen, gute und weniger gute, würden unentwegt versuchen, ein großartiges Stück aufzuführen. Nämlich das Evangelium vom Reich Gottes.

Wer einmal gespürt hat, wie gut dieses Stück ist, der will mitspielen. Auch wenn es ihm nicht immer gelingt. Das ist Kirche: Sie ist nicht perfekt, aber sie steht für das Evangelium.

Martin hat den Wiedereintritt in die Kirche noch nicht gewagt. Er braucht wohl noch ein bisschen Zeit. Dass man mit der Kirche besser glauben kann als ohne, das ist ihm klar. Und auch, dass man dazu alle Freiheit braucht.

Das Zweite Vatikanische Konzil sagt: »Die Kirche ist ja in Christus gleichsam das Sakrament, das heißt Zeichen und Werkzeug für die innigste Vereinigung mit Gott sowie für die Einheit der ganzen Menschheit.« Ich finde, das ist eine prima Definition von Kirche. Einfacher gesagt bedeutet sie: Die Kirche soll Einheit stiften – unter den Menschen und zwischen

Mensch und Gott. Sie ist ein Zeichen für Gottes Liebe, ein oftmals mickriges und erschreckend vieldeutiges Zeichen. Sie ist ein Werkzeug der Liebe Gottes, auch wenn sie hinter diesem Anspruch ständig zurückbleibt. Ich bleibe in der Kirche – um Gottes willen.

Fromme und Wilde

In meiner Gemeinde wird ein Witz erzählt. Über den Pfarrer, also über mich. Ein netter Mitchrist, der mich wohl für einen allzu kritischen Theologen hält, fragte mich: »Was ist eigentlich der Unterschied zwischen einem Missionar und Ihnen?«

Etwas verdutzt habe ich geantwortet: »Hoffentlich keiner, denn wir wollen doch heute den Glauben positiv anbieten, also im guten Sinne missionarisch sein.«

»Nein«, sagte er, »es gibt einen Unterschied: Ein Missionar macht die Wilden fromm. Aber Sie machen die Frommen wild.«

Ein guter Witz, sehr tiefgründig. Irgendwie trifft er den Nagel auf den Kopf. »Ein Missionar macht die Wilden fromm. Und ich mache die Frommen wild.« Witze überzeichnen ja immer etwas. Na klar, es gibt keine »Wilden«, wir wollen niemanden diffamieren. Und mit den »Frommen«, da sind ja ganz sicher nicht bloß die Frömmler gemeint, sondern Menschen, die ihren Glauben aufrichtig leben wollen.

Dennoch: Mir hat der Witz zu denken gegeben. Steckt da nicht auch eine tiefe Sorge drin? Kann es sein, dass ich zu viel in Frage stelle? Dass ich manches anders sehe, anders sage, anders mache? Mir geht es darum, dass der Glaube zukunftsfähig wird. Noch vor Jahrzehnten war Glauben milieugestützt.

Man wurde Christ durch Geburt und Tradition, man blieb Christ von der Wiege bis zur Bahre, ohne groß darüber nachzudenken. Man hatte ja keine Wahl, man machte einfach mit, was alle machten.

Das geht heute nicht mehr, Gott sei Dank. Die Menschen suchen heute für ihren Glauben keine Autoritäten, sondern Argumente. Wir brauchen deshalb nicht bloß Tradition, sondern einen reflektierten Glauben. Deshalb möchte ich helfen, dass der Glaube aus den Kinderschuhen herauswächst. Dafür brauchen wir mehr Bildung für den Kopf – und mehr geistlichen Tiefgang fürs Herz. Ich möchte die Frommen gar nicht wild machen, sondern – klug! Und ruhig ein wenig kritischer. Nicht um sie zu verunsichern, sondern um den Glauben fester zu machen, tiefer – und auskunftsfähiger.

Wenn Erwachsene ihren Kinderglauben nicht abgelegt haben, dann glauben sie meistens mehr an Magie als an Jesus. Gott ist dann ein Wundertäter, der zuständig ist für alles, was ich noch nicht verstehe und was ich nicht kann. Man nennt ihn zwar den »lieben Gott«, aber man traut seiner Liebe doch nicht so recht über den Weg. Deshalb muss man sich bei ihm absichern: Für gute Taten gibt es Lohn, für schlechte eben Strafe. So lieb ist der »liebe Kindergott« also doch nicht! Er ist meistens bloß irgendein Naturgott – »Herrgott« genannt –, nicht aber der Vater Jesu Christi.

Nein, ich möchte die Frommen gar nicht wild machen. Aber vielleicht doch ein bisschen verunsichern. Damit sie Fragen stellen. Damit sie selbst in die Bibel schauen und zu Jesus finden. »Der Pfarrer macht die Frommen wild«: Ich freue mich sehr über diesen Witz. Ich merke nämlich: Es ist Bewegung in der Gemeinde. Einige missverstehen das, in Sachen Religion kennen sie keine Gnade. Sie mögen keine Frömmigkeit, die denkt.

Fromm, das heißt für sie: rührselig, bürgerlich, nett. Kein Problem – das darf es auch geben. Die Kirche ist ein großes Haus mit einem weiten Dach, da passt allerhand hinein. Ich meine aber: Die Zukunft verträgt keine Frömmigkeit, die bloß trieft. Oder, noch schlimmer, die ohne Erbarmen ist. Wer seinen Glauben verständlich machen kann, der versteht etwas vom Glauben.

Johannes vom Kreuz, der große spanische Mystiker, sagt es so: »Nur ein Mensch, der seine hergebrachten religiösen Gewissheiten verloren hat, ist fähig zur Begegnung mit dem lebendigen Gott.« Mit anderen Worten: Nur wer seinen Kinderglauben in Frage stellt und wer dann ganz bewusst mit Gott zu leben beginnt, findet zu einem glaubwürdigen Glauben. Ich bin davon überzeugt: Wer sich wirklich auf Jesus einlässt, gewinnt eine große innere Freiheit. Wer in dieser Freiheit lebt, kann fröhlich seinen Glauben bezeugen. Reflektiert und engagiert, klug und fromm.

Ungleiche Trauung

Zu den besonders schönen Aufgaben eines Seelsorgers gehört die Trauung. Zwei Menschen auf dem Weg zur Hochzeit zu begleiten, ist etwas sehr Bewegendes. Ich spüre, wie sehr sie auf diesen Tag hin leben, was sie bewegt und welche Pläne sie haben. In die Vorbereitung ihrer kirchlichen Trauung stecken sie meistens viel Zeit und Fantasie. Manche sagen dann: »Beim Standesamt unterschreiben wir einen Vertrag, in der Kirche schließen wir einen Bund fürs Leben. Das ist irgendwie fester, verbindlicher. Da steckt mehr Segen drin.«

Besonders schwierig ist eine kirchliche Hochzeit, wenn einer der Partner gläubig ist, der andere aber nicht. In so einem

Fall wird die Trauung meistens von der Frau gewünscht und der Mann macht dann einfach mit – ihr zuliebe. Wie bei Jessica und Norbert. Jessica ist kirchlich aufgewachsen und der Segen Gottes ist ihr ganz wichtig. Norbert hat da seine eigene Meinung. Selbstverständlich sieht er ein, dass man Werte braucht. Die Kirche ist für ihn ein Garant für Tradition und Moral. Deshalb ist er noch nicht aus der Kirche ausgetreten. Unter einer lebendigen Beziehung zu Gott aber kann sich Norbert so gut wie nichts vorstellen.

»Ich bin Naturwissenschaftler«, gibt er zu bedenken, »ich glaube nur, was ich sehe.«

»Das hätte Einstein so nicht gesagt«, werfe ich dazwischen.

»Das mag schon sein«, meint Norbert, »aber für mich ist das alles nicht nachvollziehbar.«

Natürlich fühle ich mich durch solche Aussagen als Theologe herausgefordert. Ich meine: Naturwissenschaft und Theologie tun sich gegenseitig gar nicht weh, sondern sie können einander ergänzen. Gute Naturwissenschaftler wissen das, gute Theologen auch. Beide kommen am Ende gemeinsam an die Grenzen ihrer Vorstellungskraft.

Doch mit solchen Gedanken komme ich bei Norbert nicht weiter. Ich merke aber, wie sehr er seine Jessica liebt. Immerzu schaut er zu ihr herüber.

»Norbert«, sage ich, »Sie haben sich doch auch für Jessica nicht aus Vernunftgründen entschieden, sondern aus der Tiefe Ihres Herzens heraus. Und Sie fordern von ihr doch auch keine Liebesbeweise. Sie lieben Jessica doch einfach um ihrer selbst willen.«

Norbert nickt, wenn auch zaghaft. »Liebesbeweise«, meint er, »die gibt es wirklich nicht, damit macht man nur alles kaputt.«

»Glauben«, so fahre ich fort, »ist ja nicht das Gegenteil von Wissen, sondern glauben bedeutet: jemandem vertrauen, eine Beziehung leben. Ich glaube ja nicht bloß, dass Gott existiert. Ich glaube an ihn, ich glaube ihm. Und ich vertraue darauf, dass der Vater, von dem Jesus spricht, der Gott allen Lebens ist, der Gott, von dem die Bibel sagt, er sei die Liebe in Person« (1 Joh 4).

Ob Norbert das überzeugend findet? Er wird sich wohl nicht so schnell ändern wollen. Aber er wird die kirchliche Trauung jetzt besser mitvollziehen können. Und wird seine Jessica noch tiefer verstehen. Mitsamt ihrem Glauben. Und das ist schon sehr viel.

Für die katholische Kirche ist die Ehe noch viel mehr als nur ein Segen. Sie ist ein Sakrament, was so viel bedeutet wie: Zeichen und Werkzeug. Mann und Frau sind gemeinsam ein Zeichen für die Liebe Gottes. Diese Liebe kann man nicht sehen. Aber durch die Liebe von Menschen kann man sie ahnen und begreifen. Mann und Frau sind auch ein Werkzeug der Liebe Gottes. Beide zusammen machen den Glauben konkret. Das ist ein großer Zuspruch: In der menschlichen Liebe ist Gott gegenwärtig! Es ist aber auch ein hoher Anspruch.

Jessica und Norbert denken ganz verschieden von Gott. Aber in einem sind sie sich einig: Ganz ohne ihn wollen sie nicht sein.

Himmelsrendite

Sterben und Tod – damit habe ich oft zu tun. Es kommt häufig vor, dass ich zu Sterbenden gerufen werde. Zum Beispiel in das Hospiz, das zu meiner Gemeinde gehört. Aber auch nach Hause, in die Familien, ins Krankenhaus: Kein Mensch will alleine sterben, alle suchen nach der Hand eines anderen. Selbst Menschen, die wenig mit der Kirche zu tun haben, rufen danach: geistlicher Beistand in der letzten Stunde. Ich tue das gern, habe davor keine Angst. Sterben und Tod gehören für mich zum Leben dazu.

Eine sehr alte Frau lässt nach mir rufen. Ich kenne sie gut, sie ist gläubig und hat zeitlebens in der Gemeinde mitgemacht. Deshalb kann ich mit ihr auch ganz offen sprechen. Sie weiß, dass sie in Kürze sterben wird, ist aber geistig noch ganz präsent, hellwach.

»Herr Pastor«, fragt sie mich, »habe ich im Leben wohl genug Gutes getan, um jetzt in den Himmel zu kommen?«

»Nein«, ist meine spontane Antwort.

Bei vielen anderen hätte ich ganz sicher »Ja« gesagt, allein der Beruhigung wegen. Man sollte keine Diskussionen mehr führen, wenn die letzte Stunde geschlagen hat, keine Unsicherheiten verbreiten. Doch bei dieser Frau weiß ich, dass sie meinen Gedankengang versteht.

»Habe ich wohl genug Gutes getan?«, fragt die Frau.

»Nein!« Ich darf ein klares »Nein« sagen. Denn im Grunde genommen weiß die alte Frau: Christen fragen gar nicht danach, ob sie wohl zu Gott kommen. Denn Gott ist zu den Menschen gekommen – in Jesus Christus. Niemand muss sich deshalb den Himmel verdienen, er ist offen. Dafür stehen der Tod und die Auferstehung Jesu Christi. Wir kommen also wirklich »alle in den Himmel«, wie der alte Schlager singt. Aber nicht, »weil wir so brav sind«, das sind wir ja gar nicht und das wäre ja auch viel zu wenig, sondern weil Jesus Christus unser Erlöser und Heiland ist. Nur deshalb! Ich tue das Gute, weil Gott mich zuerst geliebt hat, also aus Dankbarkeit, und nicht, um mir dadurch irgendetwas zu verdienen.

Ich kenne viele Leute, die sagen: »Wenn ja doch alle erlöst sind, dann ist es ja egal, was ich tue. Dann kann ich ja einfach so drauflos leben.« Ich verstehe diesen Einwand, doch er ist falsch. Schon unter uns Menschen gilt: Wer geliebt wird, der tut das Gute nicht mehr nur aus Pflicht, schon gar nicht aus Angst, sondern allein aus Liebe. Und das ist viel mehr, denn Liebe bringt Größeres hervor als Pflicht und Angst. So ist auch Gott kein mieser Sadist, der uns im Leben testet, und kein mickriger Lohnbuchhalter, der nur zusammenrechnet, was wir bei ihm eingezahlt haben. Er ist die Liebe, die sich für uns hingibt. Er hat uns erlöst: von der Last, uns selbst bei ihm beliebt machen zu müssen. Das heißt: Ich habe nichts zu verlieren, ich kann mein Leben einsetzen für andere, ohne Angst haben zu müssen, dabei etwas zu verpassen.

Wenn das so ist, dann kommt es nicht mehr darauf an, alles im Leben richtig zu machen und sich womöglich dadurch bei Gott absichern zu wollen, sondern es kommt darauf an, etwas zu wagen. Wer Christus nachfolgt, kann zuversichtlich sein, voller Hoffnung. Und braucht deshalb keine Angst zu haben: nicht einmal vor dem Tod.

Die alte Frau ist kurz nach unserem Gespräch gestorben. Ganz ruhig, als wenn sie selig eingeschlafen wäre. Wir haben noch gemeinsam gebetet: zu Jesus Christus, unserem Erlöser.

Im Hintergrund steht die sogenannte Rechtfertigungslehre: Der Mensch wird von Gott gerecht gemacht, ohne die Werke des Gesetzes, allein aus dem Glauben an Jesus Christus (Röm 3,21–22). Das bedeutet: Gott liebt mich bedingungslos und ohne Vorleistung. Er schenkt mir seine Liebe ganz umsonst – aber eben nicht vergeblich: Denn das Geschenk der Erlösung, der unverdienten Gnade, ruft nach einer Antwort im Leben hier und jetzt. Der Himmel ist nicht die Rendite eines moralisch einwandfreien Lebens, sondern die Konsequenz dessen, dass Gott mir in Jesus Christus seine ganze Liebe geschenkt hat. Diesen Glauben konnte ich mit der alten Frau teilen. Sie ist gestorben in dem Bewusstsein: Ich sterbe in Gott hinein. Er liebt mich, nicht weil ich gut bin, sondern weil er gut ist.

Weil noch etwas kommt

Wenn ein junger Mensch stirbt, dann nimmt einen das ganz schön mit. Doch auch bei älteren Leuten ist es für mich mehr als bloß Routine. Immer geht es um einen ganz einmaligen Menschen. Einen Menschen, der anderen etwas bedeutet hat und um den sie trauern.

Einige Tage vor der Beerdigung gehe ich ins Trauerhaus, besuche die Angehörigen, komme mit ihnen ins Gespräch. Ich lade die Trauernden ein, vom Leben des Verstorbenen zu erzählen. Meistens beginnen sie sehr zaghaft. Doch dann kommen immer mehr Details zum Vorschein, das Reden fällt zusehends leichter, manchmal wird sogar gelacht. Die Angehörigen wollen, dass das Leben des Verstorbenen bei der Beerdigung recht gewürdigt wird. Sie erzählen viel Gutes, die Schattenseiten blenden sie eher aus. Ich kann das gut verstehen: Man möchte das Positive in Erinnerung behalten. Man hat ja auch sein eigenes Wohl und Wehe mit dem Verstorbenen, seine eigene Geschichte. Da muss das Gute Vorrang haben.

Bis hierher ist meine Aufgabe: zuhören. Doch jetzt, gegen Ende des Gesprächs, bin ich dran. Ich spreche von meiner Hoffnung. Von der Zuversicht, auch im Tod nicht verloren zu sein. Von meinem Glauben, dass bei Gott alles gut aufgehoben ist, was einen Menschen geprägt und ausgemacht hat.

Und dass er, Gott, alles vollenden wird, was uns noch fehlt. Ich spreche von meinem Glauben an Jesus Christus, den Gekreuzigten und Auferstandenen. An ihm mache ich mein Leben fest, auf ihn vertraue ich, wenn ich von Hoffnung rede.

An dieser Stelle schweigen die meisten Angehörigen. Und auch das kann ich gut verstehen. Vielleicht spreche ich als Seelsorger allzu früh von der Hoffnung. Vielleicht wäre es besser, erst einmal die Trauer ernst zu nehmen, ihr noch mehr Raum zu geben. Ganz sicher ist es auch so, dass den meisten Menschen einfach die passenden Worte fehlen, ihren Glauben zum Ausdruck zu bringen. Aber dennoch: Mit meiner Osterbotschaft, mit der Botschaft von der Auferstehung der Toten, fühle ich mich oft sehr allein. So, als wolle mir das keiner abnehmen, dass das wahr ist: »Ich glaube an das ewige Leben.«

Und dabei ist diese Botschaft so befreiend. Wenn ich ewig bei Gott sein werde, dann muss ich mein Leben nicht ängstlich auspressen. Muss nicht alles herausholen, was womöglich drinsteckt. Ich kann mein Leben verschenken, es für andere hergeben. Egoismus und Ellenbogen verlieren genauso an Bedeutung wie Ansehen, Karriere und Geld. Vielmehr kann ich mit einer Grundheiterkeit leben und sterben. Ein völlig neues Lebensgefühl: Weil ich im Letzten geborgen bin, kann ich im Vorletzten gelassen sein. Die Angehörigen können das häufig nicht nachvollziehen. Sie wünschen Begleitung in der Trauer. Aber Ostern? Auferstehung? Ewiges Leben? Das ist für viele einfach zu weit weg. Mich tröstet dann, dass wir genau das beim Begräbnis feiern werden: Ostern! Auferstehung! Ewiges Leben! Vielleicht kommt dann die Botschaft an.

In letzter Zeit haben die Angehörigen immer häufiger eine Bitte: Bei der Beerdigung soll der Sarg nicht so tief ins Grab hinuntergelassen werden. Er soll lieber einfach oben stehen bleiben. Sie, die Angehörigen, mögen das nicht gerne mit ansehen, es tut weh und es sieht so endgültig aus. Ich plädiere dann jedes Mal für das tiefe Grab – meistens vergeblich. Mein Eindruck ist: Bis zuletzt laufen sie dem Tod davon, sie verdrängen ihn. Schade eigentlich. Ich meine nämlich, man soll dem Tod ruhig hinterherschauen. Ganz realistisch. Bis hinab ins tiefste Grab. Als Christ kann ich ihm, dem Tod, sogar seelenruhig ins Gesicht sehen. Weil noch etwas kommt. Weil noch einer kommt.

Entkirchlichung

Mein Leben ist unglaublich spannend. Ständig ge-
schieht etwas Neues, von dem ich spüre, dass es auch
meinen Weg mit Gott zuinnerst berührt. Deshalb kann
ich die Menschen, die mir anvertraut sind, so anneh-
men, wie sie sind. Zumindest kann ich es versuchen.

Optimismus

Ein neuer Anfang, eine Herausforderung: Vor einiger Zeit habe ich eine neue Pfarrstelle angetreten. Zehn Jahre lang war ich Seelsorger im westlichen Münsterland, in einer Kleinstadt, einer Landgemeinde. Jetzt sollte es nach Münster gehen, in eine – jedenfalls für mich – große Stadt. Ich bin nämlich ein richtiges Landei und deshalb empfinde ich Münster schon als ziemlich unübersichtlich.

Ich hatte es mir damit nicht leicht gemacht. Na klar, der Bischof wollte es so. Aber mit guten Gründen hätte es auch anders laufen können. Ich fühlte mich doch vorher so zu Hause. Sollte ich das alles aufgeben? Irgendwann habe ich mir gesagt: Wenn du schon etwas Neues machen sollst, jetzt, in der Lebensmitte, dann muss es auch etwas ganz anderes sein. Also habe ich mich auf die Herausforderung eingelassen.

Als Erstes hieß es: umziehen. Das gab es bei mir schon öfter. So ein Umzug ist immer gut. Dabei kann ich nämlich wunderbar sortieren, aufräumen: meine sieben Sachen und mich selbst. Ich nenne das immer: ausmisten. Was brauche ich überhaupt? Was ist zum Leben und Arbeiten wirklich wichtig? Die Hälfte meiner Bücher habe ich zurückgelassen. Manche Dinge habe ich verschenkt. Und mich darüber gewundert, wie viel ich weggeben kann, ohne es zu vermissen. So habe ich erst einmal Platz geschaffen, dem Neuanfang Luft gemacht.

Und dann ging es ans Eingemachte: an mein Vertrauen. Traue ich mir selbst? War meine Entscheidung richtig? Ist mein Gottvertrauen stark genug, dass ich in diesem Neuanfang so etwas wie Berufung sehen kann, einen Anstoß vielleicht, einen Auftrag sogar? Ich bin ganz bestimmt kein Pessimist, nein. Aber eben auch kein Optimist. Dafür trage ich viel zu viele Bedenken mit mir herum. Deshalb halte ich es, etwas vorsichtiger, mit der Zuversicht.

Denn der Optimist denkt: Ich habe ja selbst alle Kraft. Wenn ich mich nur genügend anstrenge, dann wird es schon irgendwie klappen. Der Zuversichtliche ist anders, vorsichtiger. Er weiß: Meine eigene Kraft reicht nicht aus, um alle Probleme zu lösen. Trotzdem gebe ich nicht auf. Ich mache mein Leben woanders fest. Ich vertraue darauf, dass es ein Ziel gibt, worauf alles hinausläuft. Von diesem Ziel her empfange ich meine Kraft. Der Optimist denkt, er habe für alles eine Lösung. Der Zuversichtliche glaubt an Erlösung. Jener lässt sich treiben vom Erfolg. Dieser lässt sich ziehen vom Ziel.

Christsein heißt für mich, von einem Ziel her leben. Ich lebe von dem Ziel her, dass Jesus Christus alles vollendet und neu macht. Deshalb bleibe ich zuversichtlich. Ich habe nicht für alles Kraft, ich bin nicht perfekt, schon gar nicht mache ich alles richtig. Christen sind nicht besser als andere Menschen. Aber sie sind ohne Zweifel besser dran: Weil sie wissen, dass am Ende alles gut wird. Dieses Ziel macht zuversichtlich. Ich muss also gar nicht alles im Leben fertigkriegen. Ich darf Fragment bleiben, Bruchstück. Ich bin gefordert, aber ich brauche mich nicht zu überfordern.

Mir hat das geholfen bei meinem Neuanfang. Und was soll ich Ihnen sagen? Dieses Ziel, diese Zuversicht, die habe ich jetzt in meiner neuen Pfarrei buchstäblich immer vor Augen. »Ja, ich bin da« steht oben am Kirchturm, weithin sichtbar, in großen Leuchtbuchstaben. »Ja, ich bin da« – das ist der Gottesname aus dem Buch Exodus, dem zweiten Buch der Bibel. Dieser Name steht so markant am Kirchturm, dass die Heilig-Kreuz-Kirche in Münster von vielen schon die »Ja, ich bin da«-Kirche genannt wird. Gott sagt: »Ich bin da« – und wir als Gemeinde sind es auch.

Seit Jahren begleitet mich der Satz: »Handle so, als ob alles von dir selbst abhinge, aber vertraue so, als ob alles nur von Gott abhinge.« Das ist meine Zuversicht. Deshalb bin ich engagiert und gelassen zugleich. Nicht getrieben vom Erfolg, sondern gezogen vom Ziel.

Säkularisiert

Säkularisiert sei es hier, hatte man mir gesagt. Und das im »schwarzen« Münster! Meine neue Pfarrei in Münsters urbanem Kreuzviertel sei säkularisiert. Das Wort kommt von »saeculum«, Zeitalter. Gemeint ist die Verweltlichung einer Gesellschaft. Oder besser, die Entkirchlichung. Die Welt hat sich selbstständig gemacht, die Kirche ist nicht mehr am Steuerruder der Gesellschaft. Sie wird vielmehr als einer von vielen Anbietern gesehen – für Sozialleistungen und Rituale, als Servicestation in Sachen Sinn. Viele bedauern das. Für mich war es eine Umstellung.

Vorher war ich Pfarrer im ländlichen Raum. Fast alles, was dort irgendwie sozial war, das befand sich in kirchlicher Trägerschaft. Auch wenn die Kirchen am Sonntag nicht voll waren, so hatte die Kirche doch Einfluss. Oder besser gesagt: Die Christen vor Ort hatten viele Gestaltungsmöglichkeiten.

Jetzt, als Stadt-Pfarrer in Münster, muss ich mich dem Thema neu stellen. Was ist besser: die Entkirchlichung der Welt – oder die Entweltlichung der Kirche? Anders gefragt: Soll die Welt die Kirche aus dem öffentlichen Leben vertreiben oder soll sich die Kirche von der Welt verabschieden, damit sie unterscheidbarer bleibt? Ich finde beides nicht gut. Vielmehr glaube ich: Christen leben in einer Spannung von Offenheit und Identität. Sie müssen sich der modernen Welt öffnen, sonst sind sie am Ende nur ein kleiner Kreis von Eingeweihten, ja, letztlich eine Sekte. Zugleich brauchen sie eine starke Identität, eine hohe Verbindlichkeit und Treue. Offenheit und Identität: In dieser Spannung erlebe ich mein Christsein.

Säkularisiert – davor habe ich deshalb überhaupt keine Angst. Denn Gott hat sich sozusagen selbst säkularisiert, als sein Sohn Mensch geworden ist: einer von uns. Das bedeutet: Gott liebt die Welt. Er liebt seine Welt so sehr wie seinen eigenen Sohn. Deshalb möchte auch ich die Welt lieben. Ich möchte mich da nicht heraushalten, mich nicht in die fromme Nische zurückziehen, sondern mitmischen. Es mag sein – die Kirche ist nicht mehr am Steuerruder der Gesellschaft. Aber sie darf mit am Tisch sitzen, wenn Gutes geschieht. Nicht in Abgrenzung zur Welt, sondern mittendrin.

Sich einmischen, irgendwo mitmachen. Identisch nach innen, nach außen offen. Mit dem Gesicht zur Welt und mit ganzem Herzen bei Gott: Wenn das säkularisiert ist, dann bin ich es gern. Mit den Menschen in und außerhalb meiner

Pfarrei. Damit die Welt um mich herum ein kleines bisschen besser wird.

Postmoderne

Da bin ich wohl in der Postmoderne angekommen. Jedenfalls sagten mir die Leute, dieses Viertel hier sei nicht nur säkularisiert, dieses hier sei ein »postmodernes Umfeld«. Doch was bedeutet das? Ursprünglich kommt das Wort ja aus der Architektur, aber schon bald wurde es zum Begriff einer ganzen Epoche, zur Bezeichnung unserer Gegenwart. Der postmoderne Mensch liebt seine Freiheit über alles. Er ist hochgradig individualisiert, macht nicht mehr alles mit, will selbst vorkommen in dem, was er tut. Er misstraut jeder Autorität, besonders jener, die Wahrheit beansprucht. So weit, so gut. Dann bin wohl auch ich postmodern.

Kennzeichen der Postmoderne ist aber auch: Alles ist Bühne, das Leben wird zum Spiel. Zeitungen sprechen mit Vorliebe von »Dramen« und »Tragödien« wie im Theater, Moderatoren bezeichnen fast alles, was geschieht, als »Szenario«, und selbst in der Politik wird vorrangig »inszeniert«, der Auftritt ist wichtiger als das, wofür man eintritt. Es geht nicht um Fakten oder gar um so etwas wie Wahrheit, sondern um die Bewirtschaftung von Befindlichkeiten. Die Form bestimmt den Inhalt, die Realität wird elektronisch simuliert und damit »virtuell«. Wenn alles Inszenierung ist, sitzt man irgendwann »im falschen Film« und fragt sich: Wer bin ich denn eigentlich, wer bin ich wirklich?

Deshalb ist Lebenswahrhaftigkeit angesagt. Es geht darum, authentisch zu sein: Ich möchte sein, was ich sage, und ich möchte tun, was ich bin. Hauptsache echt – das ist die Herausforderung schlechthin.

Wie aber kann man an Gott glauben – oder sogar Christ sein in dieser postmodernen Welt? Ist da überhaupt noch Platz für Gott? Besonders gut finde ich diesen Gedanken: In der Postmoderne gilt es, die sogenannten »drei göttlichen Tugenden« mit der Geduld zu verbinden. Glaube, Hoffnung und Liebe werden dann konkret im geduldigen Ausharren. Glaube ist dann Geduld mit Gott, Hoffnung ist Geduld mit sich selbst und Liebe ist Geduld mit anderen.

Mir kommt das sehr entgegen. Weil es so einfach ist, so leicht zu merken. Und so wahr. Denn heute, in der Postmoderne, liegt der Glaube nicht mehr auf der Hand. Gott scheint sich zu entziehen, so als ob er schweigt. In dieser Situation ist Glauben – geduldig sein mit Gott. Ausharren. Er wird sich schon zeigen. Es wird sich schon zeigen, dass er da ist. Nur eben nicht so, wie wir uns das gedacht haben.

Auch das mit der Hoffnung kann ich gut nachvollziehen. Denn ich verändere mich nur sehr langsam und darunter leide ich. Ständig werde ich konfrontiert mit mir selbst, mit meinen Schwächen, meinen Schattenseiten, meinen Gewohnheiten. Und komme mir gar nicht mehr so liebenswert vor, wie ich mir das wünsche. In dieser Situation heißt hoffen: Geduld haben mit sich selbst. Es geht nicht alles auf einmal, Entwicklung ist möglich, nur nicht aufgeben!

Und Liebe? – Geduld mit anderen. Ohne diese Geduld würde ich andere überfordern. Sie müssten immerzu für mein Glück sorgen, würden zu Glücksbringern, müssten so sein, wie ich sie haben will. Das aber geht nicht. Ohne diese Geduld würde ich anderen nicht mehr gerecht werden können. Liebe ist dann nicht mehr nur ein Gefühl, sondern eine Haltung.

Der andere darf sich entwickeln, er gewinnt Freiheit, muss nicht schon fertig sein. Und darf sich gerade so geliebt wissen, angenommen, akzeptiert.

Ein postmodernes Umfeld sei meine Pfarrei, hat man mir gesagt. Ich glaube, Gott ist auch in der Postmoderne angekommen. Er ist doch gegenwärtig, mitten in Zeit und Raum, in unserer Geschichte. Wenn das so ist, dann ist er, der Ewige, hier und jetzt. Wahrhaftig und echt. Man braucht nur etwas Geduld mit ihm.

Und man sollte nicht so schnell aufgeben, nach ihm zu suchen.

Akademiker

In meiner Pfarrei wohnen viele Akademiker. »Ganz schön schlau«, habe ich gedacht, jedenfalls zu Beginn. »Ob ich da wohl mithalten kann?«

Akademiker sind hier tatsächlich tonangebend. Die vielen anderen, die sehr gut mitmachen, kommen da manchmal nicht mit. Deshalb habe ich gleich zu Beginn gesagt: Die Schlauen haben hoffentlich nicht nur ein Hirn, sondern auch ein Herz und Hände zum Handeln. Und vielleicht sogar einen Rücken, um sich auch mal zu bücken.

Weisheit, Klugheit, schlau sein – was denken Sie darüber? Kennen Sie einen Menschen, den Sie für weise halten? Wenn ich das Wort Weisheit höre, denke ich an einige ältere Menschen, die ich gut kenne. Von denen ich viel gelernt habe. Die wirklich weise sind: klug und lebenserfahren. Richtige Lebensmeister. Ja, ich denke, das ist eine gute Definition: Weisheit ist die Summe von Klugheit und Lebenserfahrung. Wer klug und lebenserfahren ist, der ist weise.

Dabei ist wichtig: Klug ist nicht dasselbe wie schlau. Es gibt sehr gebildete Menschen, die nur eingebildet sind, mehr nicht. Sie haben vielleicht gute Zeugnisse und tolle Titel, aber sie holen das menschlich nicht ein. Sie sind eben nur schlau, sie haben ihre Intelligenz dazu benutzt, um weiterzukommen. Da wandert das Hirn direkt in den Ellenbogen. Ansehen, Karriere, Besitz – dazu muss man ohne Zweifel schlau sein. Schlau kann deshalb auch übersetzt werden mit verschlagen, hintertrieben, eigennützig. Und akademisch ist manchmal gleichbedeutend mit umständlich und langweilig.

Klugheit ist etwas ganz anderes. Auch kluge Menschen können gute Zeugnisse haben und tolle Titel. Aber sie bilden sich nichts darauf ein. Sie sind im Innersten ganz einfach geblieben. Ich kenne ganz einfache Menschen, die sehr klug sind. Solchen Menschen höre ich gerne zu. Von ihnen kann ich viel lernen. Was sie erzählen, wie sie leben – das ist wirklich weise. Weil es im Leben gewachsen ist, gereift durch Erfahrung. Genährt durch Achtsamkeit und Liebe.

Weise Menschen können loslassen. Sie müssen sich nicht mehr behaupten, müssen nichts und niemandem mehr etwas beweisen. Sie ertragen einfach, dass die Menschen verschieden sind, setzen sich selbst nicht absolut, sondern relativ, in Beziehung. Sie ertragen das Sowohl-als-auch.

Ganz häufig haben weise Menschen gerade auch durch ihre Fehler gelernt, haben ihre Schwächen integriert. Sie müssen nichts verdrängen oder gar bekämpfen, denn sie können sich selbst so annehmen, wie sie sind. Und weil sie in sich selbst ruhen, kommen sie auch ganz ohne Feinde aus. Sie haben ihren Halt in Gott, das kann man an ihren Haltungen erkennen, auch an ihrem Verhalten.

Für die Bibel ist Weisheit nicht bloß eine Tugend. Vielmehr

lese ich von einer personifizierten Weisheit, von »Frau Weisheit«. Sie wird verglichen mit einer Frau, die andere Menschen unterstützt. Die ein offenes Haus hat und ein weites Herz, einladend und freundlich. Bei der man etwas lernen kann.

Die Kirche hat in »Frau Weisheit« noch mehr gesehen. Schon die Kirchenväter, die Theologen der ersten christlichen Jahrhunderte, dachten so. Sie sagten: »Frau Weisheit« ist ein Symbol für Jesus Christus. Denn der ist zwar in Betlehem als Mensch auf die Welt gekommen. Aber er war ja immer bei Gott, als Gottes Sohn. Die Weisheit ist auch eine der sieben Gaben des Heiligen Geistes, also der göttlichen Geistkraft.

Weisheit ist die Summe von Klugheit und Lebenserfahrung. Und noch mehr: Sie ist eine Geistesgabe, ein Charisma. Und sie deutet hin auf Jesus, den Sohn Gottes.

Mit den vielen Akademikern in meiner Pfarrei komme ich übrigens ganz gut aus. Wir müssen uns ja gegenseitig nichts vormachen, nichts beweisen, das wäre auch ziemlich albern. Sie brauchen einfach, was jeder Mensch braucht: Anerkennung und Liebe. Wir sind eben alle nur Menschen.

Fünftausend und Zwölf

In meiner Pfarrei gehen nur noch wenige Christen sonntags zur Kirche. Das ist wohl wie überall. Doch hier in Heilig Kreuz sind es, statistisch gesehen, besonders wenige. Dafür ist die Kerngemeinde sehr aktiv, also die Engagierten, die Ehrenamtlichen. Hier kennt man sich, hier haben viele Mut, über ihren Glauben zu sprechen. Man kann offen seine Meinung sagen, es wird diskutiert und gebetet. Und kräftig mit angepackt. Diejenigen, die den Kern bilden, sehen ihren Auftrag für die anderen. Und zwar für alle anderen, ohne Ausnahme!

»Erfolg ist keiner der Namen Gottes«, hat Martin Buber einmal gesagt. Als Pfarrer kann ich meinen Erfolg nicht daran messen, wie viele Menschen sonntags zur Kirche gehen. Das würde wohl nur frustrieren. Erfolg ist vielmehr, wenn einem Vertrauen geschenkt wird. Und wenn diejenigen, die kommen, das sehr bewusst tun. Und auf Qualität setzen statt nur auf Quantität.

Ich finde das alles gar nicht schlimm. Denn schon bei Jesus war es so. Ich denke da an zwei biblische Geschichten: die wunderbare Brotvermehrung und das Abendmahl. Ich denke an die Fünftausend und die Zwölf, an die Vielen und die Wenigen. Auch Jesus kannte also schon verschiedene Zielgruppen, hat differenzierte Angebote gemacht. Er hat nicht die Zahlen gesehen, sondern das, was die Menschen brauchen. Und was sie konkret leben können.

Die Menschen hören Jesus lange zu. Nun ist es Abend und alle haben Hunger. Seine Jünger wollen die Leute schon nach Hause schicken. Doch Jesus sagt: »Gebt ihr ihnen zu essen!« Ein kleiner Junge bringt fünf Brote und zwei Fische. Jesus betet und teilt. Und alle werden satt. Am Ende sind noch zwölf Körbe voll Brot übrig. Fünftausend Menschen sollen es gewesen sein. Ein wenig Brot reicht für alle.

Am Abend vor dem Karfreitag findet wieder ein Mahl statt. Jesus teilt das Brot und sagt: »Das ist mein Leib für euch.« Er teilt den Wein: »Das ist mein Blut für euch, mein Leben.« Er will damit sagen: »Das bin ich für euch. Denkt an mich, wenn ihr Brot und Wein miteinander teilt.« Am Tag darauf stirbt er am Kreuz. Als er aufersteht, begreifen seine Jünger, dass er mit dem Mahl sich selbst meint. Wenn die Jünger sein Abendmahl feiern, wird Jesus gegenwärtig, und zwar ganz und gar: mit seinem Leben, seiner Hingabe, seinem Sterben am Kreuz, mit seiner Auferstehung und dem neuen Leben, das er uns allen verspricht.

Zwei besondere Mahlzeiten: das Mahl der Fünftausend, das Mahl mit den Zwölf. Aus dem ersten entstand das, was wir Diakonie oder Caritas nennen: Menschen, die müde und hungrig sind, haben ein Recht darauf, dass wir mit ihnen teilen. Menschen, die traurig sind, brauchen unseren Trost. Wer krank ist, soll Hilfe bekommen. Diakonie, Caritas, Dienst am Nächsten: Das ist der ganzen Kirche aufgetragen, das gilt für alle Menschen guten Willens.

Aus dem zweiten Mahl, dem Mahl mit den Zwölf, entstand die christliche Liturgie: das Abendmahl, die Eucharistie. Hier geht es um Jesus selbst, um sein Wort, um seine Lebenshingabe am Kreuz. Hier wird Gemeinschaft geschenkt, miteinander und mit Gott. Kommunion ist ein gutes Wort dafür, denn Communio bedeutet Gemeinschaft.

Ich kenne Menschen, die sind traurig darüber, dass nicht mehr viele Christen das Brot der Eucharistie essen, dass nur noch so wenige am Abendmahl teilnehmen und sonntags die Kirche besuchen. Ich möchte das anders sehen: Das Brot der Diakonie, das Brot der Fünftausend, ist für alle bestimmt. Daran sollen alle Anteil haben. Unser Dienst am Nächsten kennt keine Grenzen. Das Brot der Eucharistie, das Abendmahl mit den Zwölf, ist für die Freunde Jesu bestimmt. Es ist die Mitte derer, die Jesus wirklich nachfolgen. Es ist für die Wenigen, die für die Vielen da sein wollen.

Wenn Sie zu den Fünftausend gehören, dann wünsche ich Ihnen, dass Sie Christen begegnen, durch die Sie Gottes Güte erfahren und auf den Geschmack kommen. Und wenn Sie zu den Zwölf gehören, dann wünsche ich Ihnen, dass Sie offen bleiben und andere auf den Geschmack bringen: auf den Geschmack am Leben, am Glauben, an Gott.

Konzept

»Was ist denn eigentlich Ihr Konzept?« – So bin ich hier in Münster sehr häufig gefragt worden. Was mein Konzept ist, das konnte ich damals niemandem sagen. Ich meine nämlich, man muss erst einmal zuhören, die Menschen kennenlernen, gemeinsam überlegen. Und sich dann mit allen zusammen auf ein Konzept einigen, mit Schwerpunkten und Zielen.

Konzepte haben ja meistens keine lange Halbwertszeit. Sie sind morgen schon von gestern, besonders im kirchlichen Alltagsgetriebe. Ich selbst setze deshalb lieber auf Persönlichkeit anstatt auf Methode. Dennoch habe ich meiner Gemeinde einen Vorschlag gemacht. Für ein Konzept von Kirche. Ich möchte nämlich, dass die Pfarrei ein Schlupfloch der Barmherzigkeit ist. Ein Schlupfloch der Barmherzigkeit – was bedeutet das?

Schlupfloch, das heißt: Wir bieten Unterschlupf, wir hängen nicht alles an die große Glocke. Bei uns soll möglich sein, was offiziell vielleicht noch nicht möglich ist. Man soll denken dürfen, was man denkt, und aussprechen, was man sagen möchte. Alles, was uns das Evangelium und unser Gewissen sagt, soll möglich sein. Wir fragen nicht: »Darf man das?«, sondern: »Was hätte wohl Jesus an unserer Stelle getan?« So einfach ist das mit dem Schlupfloch.

Und die Barmherzigkeit? Barmherzigkeit kommt von lateinisch misericordia und bedeutet: »Das Herz bei den Armen haben«. Im Hebräischen ist das Erbarmen verwandt mit den Eingeweiden, dem Mutterschoß. Dann ist Barmherzigkeit etwas, das einem durch Mark und Bein geht, durch Herz und Bauch, und zum Handeln motiviert. Barmherzigkeit ist Gottes Bauchgefühl. Und der Mensch soll genauso barmherzig sein: »Seid barmherzig, wie es auch euer Vater ist«, sagt Jesus im Lukasevangelium.

Doch hier beginnt das Problem. Heißt barmherzig sein so viel wie »Schwamm drüber«? Wie steht es dann mit der Gerechtigkeit? Ich denke: Aus Barmherzigkeit muss Gerechtigkeit erwachsen. Almosen können nicht alles sein, denn die Hilfe soll nachhaltig werden. Die Strukturen müssen sich ändern, man muss die Ursachen des Unrechts bekämpfen. Erst dann kommt Barmherzigkeit ans Ziel.

Und man muss die Barmherzigkeit unterscheiden von der Gnade. Denn beides wird oft miteinander verwechselt, es sind aber ganz verschiedene Dinge. Wer Gnade gibt, steht oben, er braucht selbst keine Gnade. Begnadigen kann immer nur jemand, der autonom ist, absolut. Also letztlich nur Gott selbst. Wer Gnade gibt, ist Subjekt, wer Gnade empfängt, bleibt immer Objekt, abhängig.

Anders ist es mit der Barmherzigkeit. Der Barmherzige ist zum Handeln verpflichtet, weil er selbst auf Barmherzigkeit angewiesen ist. Sein Gegenüber hat Anspruch auf Hilfe, es bleibt Subjekt. Und behält dabei immer seine Würde. Wer barmherzig handelt, begegnet dem anderen auf Augenhöhe, behandelt ihn niemals nur als Objekt, das wäre ja auch ziemlich arrogant, das wäre von oben herab. Gott allein schenkt Gnade, Menschen können miteinander nur barmherzig sein.

Deshalb möchte ich gerne, dass meine Pfarrei ein Schlupfloch der Barmherzigkeit ist: füreinander da sein auf Augenhöhe. Was das konkret heißt, müssen wir immer neu herausfinden. Nur so viel: Das Wort Pfarrei wird manchmal abgeleitet vom griechischen »paroikía«. Es bedeutet: ein Ort in der Fremde. Christen leben immer auch in der Fremde, mitten in einer Welt, die sie so oft nicht verstehen. »Pfarrei« kann man auch ableiten von »Pferch«, also vom Stall, aus dem man nicht herauskommt. Das aber gefällt mir überhaupt nicht.

Wenn man »Pfarrei« aber ableitet von griechisch »paréchein«, dann bekommt sie einen tieferen Sinn. Denn »paréchein« bedeutet: gastfreundlich sein. Pfarreien sollen Orte der Gastfreundschaft sein. Bei ihnen soll man sich angenommen und gut aufgehoben fühlen. Man soll einkehren können auf der langen Reise des Lebens.

Zehn Prozent Erfolg

Ich lebe mit der Bibel. Sie ist für mich wie das tägliche Brot. Ständig entdecke ich darin etwas Neues, das mich berührt, mir Zuversicht gibt, mich vieles besser verstehen lässt und zum Handeln motiviert. Die Bibel ist mein Lebensbuch, dessen Deutung tiefer wird, je mehr ich selber reifen darf.

Dein Glaube hat dich gerettet

Und es geschah auf dem Weg nach Jerusalem: Jesus zog durch das Grenzgebiet von Samarien und Galiläa. Als er in ein Dorf hineingehen wollte, kamen ihm zehn Aussätzige entgegen. Sie blieben in der Ferne stehen und riefen: Jesus, Meister, hab Erbarmen mit uns! Als er sie sah, sagte er zu ihnen: Geht, zeigt euch den Priestern! Und es geschah, während sie hingingen, wurden sie rein. Einer von ihnen aber kehrte um, als er sah, dass er geheilt war; und er lobte Gott mit lauter Stimme. Er warf sich vor den Füßen Jesu auf das Angesicht und dankte ihm. Dieser Mann war ein Samariter. Da sagte Jesus: Sind nicht zehn rein geworden? Wo sind die neun? Ist denn keiner umgekehrt, um Gott zu ehren, außer diesem Fremden? Und er sagte zu ihm: Steh auf und geh! Dein Glaube hat dich gerettet.

Lk 17,11–18

Man kann diese Geschichte auf verschiedene Weise auslegen: moralisch, theologisch, seelsorglich und mystisch. Die moralische Auslegung ist einfach, aber sie gefällt mir nicht gut: Jesus heilt zehn Aussätzige. Neun sind undankbar, nur einer ist dankbar. Also sind die neun böse und der eine ist gut. So einfach ist das. Dann wäre dieser Text ein Appell, immer schön dankbar zu sein. Wie oft habe ich das als Kind gehört: Und was sagt man da?

Mir ist das zu platt.

Besser gefällt mir eine theologische Auslegung: Jesus hält sich an das jüdische Gesetz, also an das Alte Testament. Darin steht, dass ein vom Aussatz Geheilter zu einem Priester gehen muss. Erst, wenn dieser ihn für geheilt erklärt, darf er wieder am öffentlichen Leben teilnehmen. Was aber passiert in der Geschichte? Die Neun gehen zu den Priestern und holen das religiöse Heilungsattest. Als sie damit haben, was sie wollen, ist ihnen Jesus offenbar egal. Sie erfüllen religiöse Vorschriften, kommen aber nicht zum Glauben. Anders der Eine: Als er merkt, dass er geheilt ist, kehrt er um. Das Gesetz ist ihm nicht mehr wichtig. Er geht zu Jesus, dankt ihm – und kommt zum Glauben. Neun sind gesund geworden, einer ist geheilt.

Die seelsorgliche Auslegung ist sehr realistisch. Beinahe so, als wäre die Geschichte von den zehn Aussätzigen für heute geschrieben worden. Der pastorale Erfolg Jesu beläuft sich nämlich auf zehn Prozent. Zehn werden gesund, einer kommt zum Glauben. Das ist wie heute in der Kirche: hundert Prozent Einsatz, zehn Prozent Erfolg. Tatsächlich kommen von denjenigen, die ich getauft und getraut habe, noch etwa zehn Prozent überhaupt jemals wieder. Ähnlich ist es mit den Erstkommunionkindern und Firmlingen. Nachdem die Familien bekommen haben, was sie wollen – nämlich die schöne Feier –, sind sie einfach weg. Aber: In der biblischen Geschichte werden die neun ja nicht wieder krank. Sie bleiben gesund, ihr Leben hat sich geändert. Das tröstet mich: Auch diejenigen, die ich nach einem religiösen Event nicht mehr wiedersehe, haben vielleicht eine gute Erfahrung gemacht. Eine Erfahrung, die ihr Leben prägt, ohne dass ich das merke. Gott ist bei ihnen.

Die mystische Auslegung ist ganz einfach: Ich darf Jesus den Aussatz meiner Seele hinhalten. Es gibt vieles in meinem Leben, das schiefgelaufen ist. Oder jedenfalls nicht so war, wie ich mir das gewünscht habe. Das alles kann ich ihm hinhalten, mit ganz viel Vertrauen. Er kann es heilen, ob ich das nun merke oder nicht. Er verlangt nicht einmal meinen Glauben, sondern nur, dass ich mich von ihm beschenken lasse.

Steh auf

> Da brachte man einen Gelähmten zu ihm; von vier Männern getragen. Weil sie ihn aber wegen der vielen Leute nicht bis zu Jesus bringen konnten, deckten sie dort, wo Jesus war, das Dach ab, schlugen die Decke durch und ließen den Gelähmten auf seiner Liege durch die Öffnung hinab. Als Jesus ihren Glauben sah, sagte er zu dem Gelähmten: (...) Ich sage dir: Steh auf, nimm deine Liege und geh nach Hause! Der Mann stand sofort auf, nahm seine Liege und ging vor aller Augen weg. Da gerieten alle in Staunen; sie priesen Gott und sagten: So etwas haben wir noch nie gesehen.
>
> *Mk 2,3–5a.11–12*

Diese Wundergeschichte aus dem Markusevangelium bietet viele Knackpunkte. Denn nur beim ersten Hinhören könnte man meinen, alles sei glatt gelaufen: Ein Gelähmter wird von Jesus geheilt. Schön – so war das damals, weiter im Text. Ich mag diese Geschichte, weil in ihr knackig mehr steckt, auch fürs heutige Leben. Dazu hilft es, sich in die Tiefenschichten der Geschichte noch mal hereinzudenken. Und das fängt bei dem Gelähmt-Sein an.

Ich habe diesen Text schon mal mit jungen Leuten gespielt. Die meisten waren zunächst nicht der Ansicht, gelähmt zu sein. Sie hatten ja alles, was sie wollten. Sie waren permanent in Bewegung, atemlos vom allerletzten Schrei. Irgendetwas, so sagten sie, fehlte ihnen aber doch. Sie wussten nur nicht, was. Also haben sich die Jugendlichen wie gelähmt auf den Boden gelegt. Nach einiger Zeit wussten sie dann, was ihnen fehlte: jemand, der sie trägt. Sie fühlten sich ohnmächtig, träge, regungslos. Wie der Mann in der Geschichte: »Da brachte man einen Gelähmten zu ihm; von vier Männern getragen.«

Jesus braucht Menschen, die andere zu ihm tragen. Getragen werden muss jeder, der nicht mehr weiterweiß, aber auch diejenigen, die gar nicht so recht wissen, was ihnen eigentlich fehlt. Sie merken vielleicht: Das Ganze bekommt auf einmal mehr mit Haltungsfragen zu tun als mit klinischen Befunden. Die den Kranken tragen, zeigen Haltung. Und das prägt ihr Verhalten.

Die Geschichte spricht zuerst vom Glauben der Träger und dann erst von der Heilung des Gelähmten. Es kommt zunächst auf den Glauben der Träger an und dann erst auf den Glauben des Getragenen: »Als Jesus ihren Glauben sah, sagte er zu dem Gelähmten...« – Als Jesus *ihren* Glauben sah!

Glaube kann viel bewegen – selbst bei denen, die sich selbst nicht bewegen können oder wollen. Die vier Träger in der Geschichte haben sich etwas einfallen lassen. Sie lassen den Gelähmten durch die Decke zu Jesus hinab. Das muss man sich bildlich vorstellen: Ein ganzes Dach abdecken, die Balken zerschlagen, damit der Kranke zu Jesus kommt: Das zeigt Fantasie, Durchhaltevermögen und ja, Tiefgang. Diese Qualitäten braucht es auch heute für den Glauben.

»Steh auf, nimm deine Liege und geh nach Hause.« – »Steh auf«, das bedeutet: Stell dich auf eigene Füße, bring was auf die Beine, werde dir bewusst, wer du bist. »Steh auf«, das bedeutet: Selbstachtung, Standfestigkeit, Rückgrat. In jedem »Steh auf« steckt schon der Ostermorgen drin, die Auferstehung. Christen können zu sich selbst stehen, weil Gott zu ihnen steht, im Leben und im Tod.

In solchen biblischen Geschichten steckt in einem kleinen Satz, in einem »Steh auf«, ein ganzes Programm. Und so ist das auch bei einer Randnotiz, bei einer Nebenbemerkung von Jesus, die mich an diesem Text fesselt: »Nimm deine Liege«: Der Gelähmte muss seine Liege, sozusagen sein Krankenlager, mit nach Hause nehmen. Warum? Kann er sie nicht einfach liegen lassen, hinter sich, weg damit? Die Liege steht symbolisch für seine Geschichte, seine Lähmungen, seine Schuld – eben für sein ganzes bisheriges Leben. Seine Geschichte gehört zu ihm. Ohne sie, ohne seine Liege kann er überhaupt nicht gehen! Das gibt es in jedem Leben: Dinge, Begebenheiten, Erfahrungen, die weiter angenommen und getragen werden müssen, auch wenn die Heilung schon da ist. Ich fange nie bei null an, ich mache immer nur weiter. Das Misslingen gehört dazu.

Wie viele Brote habt ihr?

Gegen Abend kamen seine Jünger zu ihm und sagten: Der Ort ist abgelegen und es ist schon spät. Schick sie weg, damit sie in die umliegenden Gehöfte und Dörfer gehen und sich etwas zu essen kaufen können! Er erwiderte: Gebt ihr ihnen zu essen! Sie sagten zu ihm: Sollen wir weggehen, für zweihundert Denare Brot kaufen und es ihnen zu essen geben? Er sagte zu ihnen: Wie viele Brote habt ihr? Geht und seht nach! Sie sahen nach und berichteten: Fünf Brote und außerdem zwei Fische. Dann befahl er ihnen, sie sollten sich in Mahlgemeinschaften im grünen Gras lagern. Und sie ließen sich in Gruppen zu hundert und zu fünfzig nieder. Darauf nahm er die fünf Brote und die zwei Fische, blickte zum Himmel auf, sprach den Lobpreis, brach die Brote und gab sie den Jüngern, damit sie diese an die Leute austeilten. Auch die zwei Fische ließ er unter allen verteilen. Und alle aßen und wurden satt. Und sie hoben Brocken auf, zwölf Körbe voll, und Reste von den Fischen. Es waren fünftausend Menschen, die von den Broten gegessen hatten.

Mk 6,35–44

Es gibt nur wenige Geschichten, die im Neuen Testament gleich fünfmal vorkommen. Eine davon ist die von der wunderbaren Brotvermehrung. Sie wird tatsächlich fünfmal erzählt: zweimal bei Markus und dann jeweils einmal bei den anderen drei Evangelisten.

Kaum zu fassen: Aus fünf Broten und zwei Fischen wird ein Abendessen für fünftausend Leute. Das ist nicht vorstellbar. Also muss das Ganze tiefere Bedeutung haben. Würde ich die Geschichte wortwörtlich nehmen, dann müsste ich ja glauben, dass Jesus wie ein Magier im Zirkus auftritt und Essen herbeizaubert. Vor Leuten, die so etwas glauben, habe ich immer ein bisschen Angst. Ich meine: Man kann die Bibel entweder wörtlich nehmen – oder ernst. Es geht nur das eine oder das andere. Wer alles wortwörtlich nimmt, wird über eine magisch-archaische Religiosität nicht hinauskommen.

In den Siebzigerjahren waren soziale Auslegungen modern. Es war ja auch die Hoch-Zeit der Sozialwissenschaften mit Stuhlkreisen ohne Ende. Und mit der Beteuerung, über alles und jedes ein Stück weit betroffen zu sein. In dieser Zeit wurde folgende Auslegung der wunderbaren Brotvermehrung diskutiert: Jesus habe ein total super Gemeinschaftsgefühl ausgelöst. Und dadurch alle motiviert, noch einmal genau in ihre Taschen zu gucken. Ob da nicht doch noch etwas Essbares drin sei, das man miteinander teilen könne. Die Menschen seien davon so betroffen gewesen, dass sie auch noch den letzten Bissen, den sie eigentlich für sich selbst zurückhalten wollten, hergeben konnten. Und so seien alle satt geworden. Ein soziales Wunder! Sie merken schon, dass mir das nicht so gut gefällt.

Viel besser finde ich eine symbolische Auslegung: Da sind fünf Brote und zwei Fische. Und am Ende bleiben zwölf Körbe übrig. Die Evangelien sind nicht für uns geschrieben worden, sondern für Menschen vor zweitausend Jahren. Wenn diese Menschen die Zahlen fünf, zwei und zwölf gehört haben, dann wussten sie genau, was damit gemeint war. Fünf ist nämlich die Zahl der Bücher des Mose. Wenn man so will, sind diese das tägliche Brot der jüdischen Religion. Im Griechischen nennt man sie den Pentateuch, eben die fünf Bücher Genesis, Exodus, Levitikus, Numeri und Deuteronomium. Zwei ist die Zahl der weiteren Schriften des Alten Testaments, also die Schriften der Weisheitsliteratur und der Propheten – das sind quasi die schriftlichen Leckerbissen des Judentums, wenn ich zum Beispiel an die Psalmen denke. Fünf und zwei, das ist die ganze Heilige Schrift des Alten Testaments. Und die Zahl Zwölf steht für das Volk Israel, das ja aus zwölf Stämmen bestanden hat. In Anlehnung daran hat Jesus zwölf Jünger berufen, die man später Apostel genannt hat. Die Zahl Zwölf steht also sowohl für Israel als auch für die Kirche.

Der Sinn ist: Wenn Menschen das Wort Gottes teilen, entsteht Kirche. Wenn sie miteinander die Bibel lesen und danach handeln, bauen sie Gemeinde auf. In meiner Pfarrei gibt es kleine Gruppen, die miteinander das Wort Gottes teilen. Aus ihnen, so hoffe ich, entsteht eine lebendige Gemeinde aus kleinen Gemeinschaften. Mit Jesus als Gastgeber einer mehr als wunderbaren Brot- und Sinnvermehrung.

Hab nur Mut

Sie kamen nach Jericho. Als er mit seinen Jüngern und einer großen Menschenmenge Jericho wieder verließ, saß am Weg ein blinder Bettler, Bartimäus, der Sohn des Timäus. Sobald er hörte, dass es Jesus von Nazaret war, rief er laut: Sohn Davids, Jesus, hab Erbarmen mit mir! Viele befahlen ihm zu schweigen. Er aber schrie noch viel lauter: Sohn Davids, hab Erbarmen mit mir! Jesus blieb stehen und sagte: Ruft ihn her! Sie riefen den Blinden und sagten zu ihm: Hab nur Mut, steh auf, er ruft dich. Da warf er seinen Mantel weg, sprang auf und lief auf Jesus zu. Und Jesus fragte ihn: Was willst du, dass ich dir tue? Der Blinde antwortete: Rabbuni, ich möchte wieder sehen können. Da sagte Jesus zu ihm: Geh! Dein Glaube hat dich gerettet. Im gleichen Augenblick konnte er sehen und er folgte Jesus auf seinem Weg nach.

Mk 10,46–52

Die Geschichte von der Heilung des blinden Bartimäus ist für mich eine der Antworten darauf, was Seelsorge ist. Sie ist wie ein Leitfaden für die Seelsorge, Schritt für Schritt.

»Am Weg saß ein blinder Bettler, Bartimäus, der Sohn des Timäus.« Bartimäus ist blind und arm. Aber er hat einen Namen: Bartimäus. Und er hat eine Geschichte: Er ist der Sohn des Timäus. Seelsorge bedeutet für mich zuerst: Heraustreten aus der Anonymität. In Menschen das Bewusstsein stärken, dass sie ein Jemand sind, der Würde hat, der einen Namen hat vor Gott, mit Geschichte und Identität.

»Bartimäus rief laut, doch man befahl ihm zu schweigen.« Der Blinde spürt seine Blindheit, darin aber seine Sehnsucht nach Licht. Er lässt sich nicht mundtot machen. Seelsorge bedeutet für mich, den oft stummen Schrei zu hören. Sprechen für die, die keine Stimme haben. Und vor allem: Menschen zum Sprechen bringen, zum Erzählen über ihr Leben, über ihren Glauben und ihre Zweifel.

»Da warf Bartimäus seinen Mantel weg, sprang auf und lief auf Jesus zu.« Der Blinde bekommt Mut. Und dann lässt er alles hinter sich, was er noch hat: nämlich seinen Mantel und damit seine ganze Sicherheit. Seelsorge bedeutet für mich die

Ermutigung, vieles hinter mir zu lassen, was mich abhält von mir selbst, von anderen und von Gott. Das können selbst gemachte Sicherheiten sein. Und lieb gewordene Gewohnheiten.

»Und Jesus fragte ihn: Was willst du, dass ich dir tue? Der Blinde antwortete: Rabbuni, ich möchte wieder sehen können.« Jetzt stehen sie einander gegenüber: Bartimäus und Jesus. Und doch: Jesus drängt sich nicht auf, auch jetzt nicht. Obwohl er weiß, dass Bartimäus blind ist, fragt er noch einmal nach: »Was soll ich dir tun?« Seelsorge bedeutet für mich, sich nicht aufzudrängen, sondern ins Gespräch zu kommen: in den Dialog über die Sehnsucht der Menschen.

»Dein Glaube hat dich gerettet.« Bartimäus wird geheilt, nicht durch ein Wunder, nicht durch Zauberei, sondern durch seinen Glauben. Seelsorge bedeutet für mich, das Heil allein in Jesus Christus zu sehen, nicht im menschlichen Erfolg. Allein ihm will ich Heilung zutrauen. Um ihn allein soll es letztlich gehen. Alles andere folgt daraus.

»Und er folgte Jesus auf seinem Weg nach.« Bartimäus, jetzt wieder sehend, zieht Konsequenzen. Er folgt Jesus nach. Der Weg, den Bartimäus jetzt geht, ist der Weg mit Jesus nach Jerusalem – durch Leiden und Tod zum Leben. Seelsorge bedeutet für mich, dass Menschen ihre Berufung zum Glauben entdecken und dann auch mitgehen.

An der Bartimäusgeschichte kann ich ablesen, was Seelsorge bedeutet: Menschen nahebringen, dass sie Ansehen haben – einen Namen vor Gott. Sie zum Sprechen ermutigen über ihr Leben, ihren Glauben. Eine vertrauensvolle Beziehung zu Jesus Christus vorleben und begleiten. Sich nicht aufdrängen, sondern anknüpfen an der Sehnsucht der Menschen. Jesus zutrauen, dass er es ist, der Heilung schenkt. In die Nachfolge Jesu einladen: mit Jesus den Weg zum Leben gehen.

Herr, rette mich

Gleich darauf drängte er die Jünger, ins Boot zu steigen und an das andere Ufer vorauszufahren. (...) Das Boot aber war schon viele Stadien vom Land entfernt und wurde von den Wellen hin und her geworfen; denn sie hatten Gegenwind. In der vierten Nachtwache kam er zu ihnen; er ging auf dem See. Als ihn die Jünger über den See kommen sahen, erschraken sie, weil sie meinten, es sei ein Gespenst, und sie schrien vor Angst. Doch sogleich sprach Jesus zu ihnen und sagte: Habt Vertrauen, ich bin es; fürchtet euch nicht! Petrus erwiderte ihm und sagte: Herr, wenn du es bist, so befiehl, dass ich auf dem Wasser zu dir komme. Jesus sagte: Komm! Da stieg Petrus aus dem Boot und kam über das Wasser zu Jesus. Als er aber den heftigen Wind bemerkte, bekam er Angst. Und als er begann unterzugehen, schrie er: Herr, rette mich! Jesus streckte sofort die Hand aus, ergriff ihn und sagte zu ihm: Du Kleingläubiger, warum hast du gezweifelt?

Mt 14,22.24–31

Eine sehr menschliche Wundergeschichte ist das, wie ich finde. Auf den ersten Blick sieht man das Wunder vor dem geistigen Auge. Einige sagen dann: »Das ist ja mal wieder eine von diesen pompösen Geschichten, typisch für die Sensationslust der Orientalen.« Andere werden vorsichtig fragen: »Was ist dran an der Geschichte?«

Ich meine, das Wunder ist kein Hokuspokus, sondern es unterstreicht: Jesus ist der Sohn Gottes, er ist der Herr. Bibelforscher sagen: Das Seewunder ist ein Vorausblick auf Ostern. Denn die Ostererzählungen laufen nach demselben Schema ab: Zuerst wird der Auferstandene nicht erkannt, dann aber gibt er sich selbst zu erkennen. »Fürchtet euch nicht, ich bin es«, sagt der auferstandene Jesus. – »Habt Vertrauen, ich bin es; fürchtet euch nicht«, so steht es in unserer Geschichte.

So viel zum Wunder – es bekräftigt Jesus als den Sohn Gottes. Aber es geht ja nicht nur um ihn, sondern auch um Petrus. Und das ist für mich der eigentliche Kern, das ist das Menschliche an dieser Wundergeschichte. Denn wenn in den Evangelien von Petrus die Rede ist, dann ist immer die Kirche gemeint, also eigentlich jeder, der nach Gott fragt und dem Jesus wichtig ist. Es geht also um das Wagnis des Glaubens, um Kleinglauben und Angst, um Gegenwind und Herausforderung.

Nachdem Jesus sich zu erkennen gibt, ist Petrus voller Begeisterung. Mutig sagt er: »Herr, wenn du es bist, so befiehl, dass ich auf dem Wasser zu dir komme!« Kommt Ihnen das bekannt vor? Da sitzen Christen im selben Boot und haben Gegenwind. Sie kriegen Angst und versagen jämmerlich. Wie Petrus. Wo ist sein Mut? Wo die Begeisterung des Anfangs? Er schreit: »Herr, rette mich!« Und Jesus ergreift seine Hand und zieht ihn aus dem Wasser. Diese Geschichte ist so menschlich, weil es um einen Glauben geht, wie er Menschen möglich ist. Es geht um einen menschenmöglichen Glauben.

Glauben heißt für mich nicht, auf dem Wasser gehen zu können. Das ist Jesus vorbehalten, damit zeigt er sich als Sohn Gottes. Mit meinem menschenmöglichen Glauben reicht es meistens nur ein paar ganz kleine Schritte auf Jesus zu. Niemand hat letzte Sicherheit, sodass er auf dem Wasser gehen könnte oder müsste.

Gibt es das überhaupt – einen Glauben ohne Fragen, ohne Zweifel? Hat der einen starken Glauben, der keine Fragen mehr stellt? Gläubige, die überhaupt keine Fragen mehr stellen, nennt man Fundamentalisten. Ich halte mich da lieber an diejenigen, die Fragen stellen, und gehe denen aus dem Weg, die auf alles eine Antwort wissen. Das Fragen ist die Frömmigkeit des Denkens und der Zweifel ist der Bruder des Glaubens.

Glauben ist nicht, auf dem Wasser gehen zu können. Glauben, das ist der Schrei des Petrus: »Herr, rette mich!« Nicht meine Leistung hält mich über Wasser, sondern das Eingestehen meiner Schwäche: die Einsicht, dass ich ohne Gott nicht leben kann. Glauben ist nicht, auf dem Wasser gehen zu können, sondern zu bitten: »Herr, rette mich!«

Zum Schluss:
Das Ende der Religion

Jesus ist das Ende der Religion und der Anfang des Glaubens: Ein provozierender, ein spannender Titel ist das. Es geht dabei um das Wesen des Christentums, um das unterscheidend Christliche – die Erlösung! Aber wovon hat uns Christus erlöst? Die einfache, aber ungewöhnliche Antwort lautet: von der Last der Religion – also von der Angst, nicht zu genügen, von dem religiösen Leistungsdruck, der Menschen vor Gott und voreinander kleinmacht. Wer Jesus hat, der ist wirklich frei!

In allen Religionen wendet der Mensch sich seinem Gott zu, mal naiv und magisch, mal aufgeklärt und mystisch. Im christlichen Glauben ist es genau anders herum: Denn Gott hat sich den Menschen zugewandt! Der Mensch antwortet auf diese freie Initiative Gottes, indem er glaubt, betet und handelt. Nicht der Mensch macht sich auf zu Gott – Gott macht sich auf zum Menschen. Das ist der entscheidende Unterschied.

Wie komme ich zu Gott? Wie kann ich den Berg erklimmen, auf dem er thront? Das ist die uralte Frage aller Religionen. Es geht darum, was ich tun muss, um Gott irgendwie dingfest, brauchbar und nützlich zu machen. Als Antwort bot sich den Menschen über Jahrtausende an: das Opfer. Etwas Wichtiges wurde den Göttern geopfert, damit sie einem gnädig seien. Man handelte mit ihnen: religiöse Leistung gegen persönlichen Profit. Ein Kapitalismus ist das, in dem der, der mehr geben kann, mehr herausbekommt und über denen steht, die nicht so reich an Opfern, Gebeten und guten Taten sind. So entsteht eine missverständliche Form von Hierarchie, eine Frömmigkeit, die sich in Glück und Segen auszahlt.

Dieser Kapitalismus sitzt noch heute in vielen Seelen und verbreitet religiöse Angst. Und er hat verheerende Auswirkungen auf das Gottesbild: Ein Gott, mit dem man handeln muss, ist nicht wirklich Gott. Er ist nicht liebend und frei, sondern ein von Menschen abhängiger Buchhalter von Opfern und Taten, ein alberner Hanswurst, ein mickriger Glücksautomat für menschliche Wünsche und Bedürfnisse, der nicht agieren, sondern nur reagieren kann. Ständig hat man Angst, nicht genug eingezahlt zu haben.

Wie ich zu Gott komme, ist für das Christentum keine Frage mehr, denn in Christus ist Gott zu mir gekommen. Ich muss den »Berg« nicht mehr erklimmen, auf dem er »thront«, weil er in der Menschwerdung Jesu Christi selbst heruntergekommen ist, um mich in Liebe anzunehmen und zu erlösen. Ich muss ihm nichts schenken. Meine Gebete und guten Taten sind keine Bedingung für seine Liebe, sondern ich selbst bin eine Antwort darauf: Ich gebe nicht »etwas«, um »etwas anderes« herauszubekommen, sondern ich empfange Jesus Christus, um mich selbst zu geben. Für religiösen Kapitalismus und Leistungsdruck ist im Christentum kein Platz mehr, weil wir alle in Christus als Kinder Gottes, als Schwestern und Brüder bedingungslos und leistungsfrei angenommen sind. Das bedeutet nicht, untätig zu sein: Der Anspruch der Liebe ist immer größer als der Handel mit dem, was sich bezahlt macht. Die Liebe bringt stets Größeres hervor als Berechnung, Schuldigkeit und Pflicht.

Deshalb ist es nicht falsch zu sagen: Jesus ist das Ende der Religion und der Anfang des Glaubens. Selbstverständlich ist das Christentum soziologisch gesehen eine der großen Weltreligionen. Es geht ja, bei aller Unterschiedlichkeit, um Göttliches oder um Gott und es gibt in vielen Religionen die Mystik als ein Umfangenwerden vom Göttlichen. Aber theologisch ist Glaube das Ende der langen und schweren Suche nach Gott, die man – ohne christlichen Hochmut – als Religion bezeichnen kann – oder auch als Aberglaube, Fehlform des Glaubens, Zauber und Magie.

Die Unterscheidung zwischen Religion und Glaube ist hilfreich. Denn Religion – lat. religio heißt wörtlich: Rückbindung – meinte ursprünglich die pflichtgemäße Unterwerfung unter den antiken Staatskult. Die dazugehörigen Opfer dienten dazu, die Loyalität mit dem Staat, mit dem »göttlichen« Kaiser, zum Ausdruck zu bringen. Die frühen Christen lehnten diesen Staatskult ab. Sie galten als Atheisten, weil sie dem Kaiser nicht opferten. Religion ist also funktional und zweckorientiert, Glaube ist dagegen personal und beziehungsorientiert. In der Religion geht es um Pflicht, im Glauben geht es um Liebe auf »Du und Du« mit dem Gott und Vater Jesu Christi.

In der Religion zählt, was der Mensch tut, um Gott gnädig zu stimmen: Leistung, gute Taten, Opfer. Im Glauben antwortet der Mensch auf das, was Gott an ihm tut: Erlösung, Gnade, Hingabe. Und er antwortet darauf mit einem Leben aus dem Glauben. Die Religion fordert: »Rette deine Seele«, der Glaube befreit: »Du bist erlöst.«

Religionen sperren ihre Götter in Tempel ein und machen Kult, also menschliches Tun, um mit Gott zu handeln. Der christliche Gottesdienst ist nicht Kult, sondern Liturgie: Wir feiern, dass Gott an uns gehandelt hat und was uns durch Christus längst geschenkt ist: Erlösung. Dabei ist der religiöse Kult immer magisch, weil er von Gott etwas erzwingen will, und die christliche Liturgie immer sakramental, weil sie auf der Ebene von Zeichen eine personale Beziehung zum Ausdruck bringt: Es geht um Dialog, nicht um Beschwörung.

Und was bedeutet Erlösung? Der Apostel Paulus sagt, dass wir durch Tod und Auferstehung Jesu Christi von Gott gerechtfertigt sind (Röm 3,21–26 und Gal 2,16; 5,5–6). Das heißt, dass wir keine Sorge darum haben müssen, wie wir vor Gott dastehen. Ich muss mich nicht vor ihm rechtfertigen, mich bei ihm nicht selbst beliebt machen, sondern bin von ihm aus Liebe gerechtfertigt, nicht durch Leistung. Ich habe Ansehen, weil es mich gibt, und nicht, weil ich gut und fromm bin: Gott sieht mich, wie er Christus sieht. Er selbst hat mich befreit – von der Last der Religion, von der alten Angst, nicht zu genügen oder mir den Himmel selbst verdienen zu müssen.

Der religiöse Mensch will sich vor Gott irgendwie absichern, der gläubige vertraut darauf, dass ihm in Jesus Christus die letzte Sicherheit längst geschenkt ist, und zwar nicht, weil er es verdient hätte, sondern einfach so, aus Liebe. Ich muss also nichts dafür tun, dass Gott mich lieben kann, was wäre das auch für ein Gott. Aber wenn ich es begriffen habe, werde ich anders glauben, beten, handeln. Wer seinen Glauben ganz und gar an Jesus Christus festmacht, der ist in diesem Sinne gläubig, erlöst und befreit. Christsein bedeutet, sich um Christi willen von Gott lieben zu lassen – nicht mehr und nicht weniger.

In der Christenheit gibt es dennoch viele, die sind eher religiös als gläubig. Sie meinen, Gott gnädig stimmen zu müssen durch fromme Pflichterfüllung. Immer haben sie ein schlechtes Gewissen, bleiben ständig ungenügend, können Gnade und Vergebung nicht annehmen und bleiben zeitlebens ängstlich um ihr Leben besorgt, besonders um ihr ewiges Leben.

Immerzu hadern sie mit ihrem Schicksal und vermuten dahinter eine prüfende oder sogar strafende Macht. Sie glauben an ein allmächtiges Wesen, an einen Naturgott, der sich mit den Mächtigen arrangiert, nicht aber an den Gott Jesu Christi, der seine Allmacht in Güte und Liebe, ja, in der Ohnmacht des Kreuzes offenbart. Die eigene Nationalität, die eigene Familie und das eigene Glück sind für sie eher Gegenstand religiösen Handelns als die universale Nächstenliebe des Glaubens. Ihre Religion ist wie eine Ideologie auf ihr Leben gesetzt, ohne es wirklich durch und durch zu prägen. Für den Christen jedoch sind Glaube und Leben untrennbar miteinander verbunden. Wenn solche »religiösen« Menschen ein geistliches Amt haben, pochen sie auf ihre Andersartigkeit und Vollmacht und gebärden sich damit eher wie naturreligiöse Schamanen, magische Zauberer und autoritäre Chefs, nicht aber wie Repräsentanten, also Darsteller Jesu Christi und der kirchlichen Gemeinschaft: Klerikalismus ist Schamanismus!

Religion ist ein natürliches Bedürfnis, denn jeder Mensch sehnt sich nach Transzendenz. Glaube jedoch ist übernatürliche Offenbarung. Dass Gottes Sohn Mensch wird und uns durch Tod und Auferstehung erlöst, das kann sich niemand ausdenken, danach kann sich niemand sehnen. Es ist und bleibt das absolut unwahrscheinliche Geschenk. Wenn hingegen Religion ein Machwerk von Menschen ist, dann wohnt in ihr immer die Angst, nicht zu genügen. Diese Angst ist in Christus überwunden, er allein ist der Weg zu Gott. Zwar muss ich religiös sein, um gläubig werden zu können: Auf meine natürliche Sehnsucht nach Gott antwortet er mit seinem Sohn, damit ich mit meinem Leben antworten kann auf ihn. Meine »natürliche« Sehnsucht möchte in Christus »kultiviert« werden, ein Ziel und eine Erlösung finden. Wenn ich die Liebe begreifen will, die mir in Christus geschenkt ist, darf ich nicht in »religiösen« oder »frommen« Gefühlen stecken bleiben. Mein Glaube muss aus den Kinderschuhen der Religion herauswachsen, hinein in eine lebendige Beziehung zu Jesus Christus.

Der Autor

Stefan Jürgens, geb. 1968 in Steinfurt-Borghorst, Priesterweihe 1994, ist seit 2016 Pfarrer der Kirchengemeinde Heilig Kreuz in Münster.

Er war zunächst Kaplan, Jugendseelsorger und BDKJ-Präses, ab 2002 Rektor einer katholischen Akademie und Leiter eines Exerzitienhauses. Danach zehn Jahre lang Pfarrer im ländlichen Raum, wo er durch sein offenes Wort und seinen Internetblog für Aufmerksamkeit und Widerspruch sorgte.

Von 2004 bis 2008 war er Sprecher beim »Wort zum Sonntag« in der ARD, bis heute ist er regelmäßig im WDR zu hören. In der Jugend- und Erwachsenenbildung, in Seminaren und Exerzitien hat er viele Menschen in ihrer theologischen Reflexion und geistlichen Vertiefung begleiten dürfen.

Stefan Jürgens ist Autor verschiedener geistlicher Bücher, Artikel und Rundfunkbeiträge, schreibt lyrische, betrachtende und informative Texte und musiziert: ein »Spielmann Gottes«, der sich begeistern kann für eine Sprache und Musik, die von Gott redet und singt.